世界经济"反思与镜鉴"译丛
RETHINKING THE WORLD ECONOMY: A TRANSLATED SERIES OF STUDIES

致敬经典,纪念马克思诞辰200周年

BUSINESS AS USUAL
THE ECONOMIC CRISIS AND THE FAILURE OF CAPITALISM

资本主义的冬天
经济危机和资本主义的失败

[英]保罗·马蒂克(Paul Mattick Jr.)◎著
魏佳妮 刘清山 ◎译

石油工业出版社

内 容 提 要

本书通过疏理资本主义与经济危机的历史脉络，阐述了经济发展的周期性，说明了完全自由市场的缺陷并对这一问题提出了解决方案，最终对世界经济的未来做出展望，点明资本主义终将走向失败的趋势。

图书在版编目（CIP）数据

资本主义的冬天：经济危机和资本主义的失败 /（英）保罗·马蒂克（Paul Mattick）著；魏佳妮，刘清山译.

北京：石油工业出版社，2019.5

（世界经济"反思与镜鉴"译丛）

书名原文：Business as Usual: The Economic Crisis and the Failure of Capitalism

ISBN 978-7-5183-2592-4

Ⅰ.①资… Ⅱ.①保… ②魏… ③刘… Ⅲ.①经济危机—研究—世界 Ⅳ.①F113.7

中国版本图书馆CIP数据核字（2018）第096342号

Business as Usual: The Economic Crisis and the Failure of Capitalism by Paul Mattick was first published by Reaktion Books, London, UK, 2011.

Copyright © Paul Mattick 2011

The simplified Chinese translation rights arranged through Rightol Media（本书中文简体版权经由锐拓传媒取得Email:copyright@rightol.com）

本书经英国Reaktion Books授权石油工业出版社有限公司翻译出版。版权所有，侵权必究。

北京市版权局著作权合同登记号：01-2018-3538

资本主义的冬天：经济危机和资本主义的失败

[英]保罗·马蒂克（Paul Mattick Jr.）著　魏佳妮　刘清山　译

出版发行：石油工业出版社

（北京市朝阳区安华里二区1号楼 100011）

网　　址：http://www.petropub.com

编 辑 部：(010) 64523766　图书营销中心：(010) 64523633

经　　销：全国新华书店

印　　刷：北京中石油彩色印刷有限责任公司

2019年5月第1版　2019年5月第1次印刷

730×1060毫米　开本：1/16　印张：16

字数：100千字

定　价：49.00元

（如发现印装质量问题，我社图书营销中心负责调换）

版权所有，翻印必究

《世界经济"反思与镜鉴"译丛》编委会

主　编：卢周来　孟　捷

编　委：（按姓氏笔画排序）

丁为民　马黎明　王高峰　卢　荻

朱安东　刘志国　李　玲　李秀铎

邱海平　张小飞　张忠任　张晓凌

周明生　胡乐明　胡建国　钱　筠

陶光远　龚　刚

总　序

　　从历史粗线条看，近代以来的中国，每一次大的变革与转折，都无不伴随有本土文化与外来思想相互激荡。而中国经济发展与转型，也随着全球资本的扩张，越来越受到世界经济的影响与制约。这其中，有两次特别大的机缘。一次是马克思主义的引入，彻底改变了自1840年以来国家左冲右突仍不得其道的状况，且在彼时特定的世界格局下，引导中国经济选择了计划经济与主要依靠自力更生自我循环；另一次是现代西方经济思想不断涌入且影响力日增，并与传统马克思主义以及本土文化资源一起，逐渐塑造了经济理论界新的生态，中国经济走上市场经济之路并与世界经济日渐融为一体。两次大的机缘背后的历史动因，都无非是内部形势使然与外部环境倒逼，需要引入新元素，来冲破已教条化的旧思想所形成的禁锢，为寻找新路进行思想的再启蒙与再解放。

　　自1980年代以降，资本主义与市场体制一度凯歌猛进，以至于乐观的西方理论家先是提出"危机终结"理论，后干脆提出"历史终结"命题。然而，肇始于2008年的全球金融危机，再次中断了关于资本与市场的种种神话。历史也再次表明，任何一种思潮，无论曾经如何应运应时应景，如果不能与时俱进，而是变成了刚性的教条，就可能变成发展的障碍。"势比人强"。当金融危机在全球各地不断触发社会危机甚至政治危机之后，西方学界亦开始对资本主义与市场体制再度进行反思，一度被边缘化的马克思主义、后凯恩斯主义、历史学派以及演化经济学、创新经济学、行为经济学等思想资源，重新被重视，被挖掘，被援引，并且已经蔚然成大观。可以预

资本主义的冬天
　　经济危机和资本主义的失败

期,彻底摆脱危机的过程,将是世界经济体系激烈重构的过程,也是各种经济理论重新进行交流与统合的过程。

　　同样是二十世纪八十年代始,中国选择市场取向的改革,引入相应的西方经济思想,既是在遭受大的挫折后对历史的一次主动选择,同时也是对世界潮流的认知与顺从。这也为中国带来了世界经济史上罕有的持续高速经济增长。但我们也必须时刻保持一种清醒:市场体制始终有其固有弊端,如果过于迷信其自发力量,周期性危机必将如影随形。因为从某个角度看,经济危机与其说是资本主义制度专属,不如说是纯粹市场经济体制的通病;而恰恰就在中国经济理论界,有一种思潮在不断发现与赞美"市场的伟大力量"同时,也呈现出一种"新僵化"或者说"新教条"倾向:对政府的任何调节都予以反对,却不允许对市场予以任何质疑。这显然不利于中国经济未来在世界经济的惊涛骇浪中把握好航向。在这个时候,我们更有必要重申坚持中国"主体性",坚持马克思主义指导地位,坚持中国特色社会主义理论自信,并以海纳百川的胸怀与心态,始终保持对新思想的敏感,尤其要借鉴西方学术界反思全球性金融危机之后的最新思想成果,以防止再犯历史上有过的"极化思维"或"矫枉过正"的错误。

　　正当此时,石油工业出版社引入了近年来不少国外大方之家的经济学著作,其中大部分主题与上述主旨高度相关。承蒙信任,邀约我们组成编委会并主持这套丛书。我们理当尽力推介好此套丛书,希冀能为中国经济发展与转型少走弯路提供些许镜鉴,希冀以此促进形成中国经济思想界更为平衡更为良好的学术生态。

卢周来　孟　捷
2019年4月

推荐序一

《经济危机和资本主义的失败》一书，是美国学者保罗·马蒂克的一部新著。在美国经济学界，约翰·罗默（John E. Roemer）、鲍尔斯（Samuel Bowles）以及克鲁格曼（Paul Krugman）等人，尽管对以新古典经济学为代表的主流多有批判，但毕竟仍然将其理论框架置于主流框架之内，仍然被主流所接纳；而马蒂克则不一样，他不回避自己较鲜明的马克思主义立场，不仅拒斥新老凯恩斯主义，甚至也不屑于与其他形形色色的"左翼"为伍；他称自己与马克思一样，"不是经济理论家，而是经济理论批判家"。正是这种较为彻底的主流之外的视角，使得他的不少观点虽不免被主流所拒斥，却也有许多观点被视为难得清醒之论。特别是他对当代资本主义的制度性批评，不仅在理论上丰富了马克思主义，实际上还值得所有奉行市场体制的国家在经济实践中所镜鉴。

《经济危机和资本主义的失败》一书完成于2011年，基于作者对肇始于美国2008年全球金融危机的观察与反思。如果不去评判作者关于资本主义最终将走向何处的结论——实际上作者也仅指出"另一个世界"是可能的，并且仅对此进行了较简单与模糊的描述——我非常看重此书在理论与实践中的价值，并愿意向读者推荐。

我看重的此书的第一点是，作者关于金融危机性质的判断及对其发展趋势的预言。

在美国主流经济学界，关于金融危机的性质，大多数学者归因为金融机构过度放贷、金融衍生品市场的过度扩张等；再往前走一步，有学者会反省到华尔街金融资本的贪婪以及企业家的"动物精神"。这其实意味着在他们眼里，金融危机仅仅是一场信用危机，促成其因素"是无法预料的，也难以解释"，因而也是一个相对独立的事件。作者不同意这一观点，强调"不能

资本主义的冬天
经济危机和资本主义的失败

仅仅痴迷于当前的经济学理论",而"必须把目光投向历史——资本主义系统的历史。"正是通过对历史的检视,我们发现,此次全球金融危机"实在是很平常",不过是"从19世纪20年代始几乎每隔若干年就会发生一次大的经济危机"中的一次!

针对金融危机的治理,主流经济学家们的治疗方案,始终逃不脱标准的"凯恩斯主义"或者"新自由主义"疗法的套路。但作者认为,前一种办法解决不了问题。因为政府支出不仅受到财政约束,可能积累更高债务;而且受到意识形态约束。因为"国家经济活动的扩张意味着一种类似的变迁,即资本主义企业被替代,从而创建国营经济,就和苏联那样,这种目标在资本主义世界是没有任何政治力量支持的"。当然,政府支出还无法从根本上解决企业家所关注的利润问题。而后一种等着"市场自我修正的天性"发挥作用,会导致"事态的发展或许会和过去一样":更强烈的通货紧缩、更多的企业破产与更高的失业率。而这其实是一场更大经济灾难!也再次证明了马克思当年那个富有洞见后来变得众所周知的观点:资本主义自身解决不了经济危机!

金融危机发生后的两年多来,美国基本采取的前一种措施,而欧洲则在美国与国际货币基金组织鼓动、诱导与威逼下,更多采取后一种办法。结果,美国较早恢复经济增长,而欧洲特别是中南欧国家持续陷入主权债务危机,失业率不断高企。不过,也正因为美国经济出现较强劲的增长,主流经济学界对全球经济形势也普遍乐观,认为已经进入了"后危机时代"。然而,作者认为,全球金融危机远远没有过去,重新恢复平衡将是一个漫长而艰难的过程。作者写道:"在我们面前正在隐隐展现的危机,可能比上两次大萧条(1873—1893年,以及1929—1939年)更为可怕。""达卡、圣保罗以及墨西哥城中大量人口在生存线上下挣扎的情况,会在资本主义发达国家里出现,因为高失业率和政府强制主导的紧缩政策将使得越来越多的人承受苦难,其波及范围不单单是世界的'铁锈地带',还会是纽约、洛杉矶、伦敦、雅典和布拉格。"作者预言,"或许要经历几十年的动荡。它必然会导致全球经济体系激烈的重构,就好像19世纪末20世纪初的大萧条后,资本主义重新迎来了繁荣期,而此时全球经济霸主的宝座,已经从大英帝国那里转移到美国这边。"联系当下我们所看到的种种现象,诸如中美贸易摩擦愈演愈烈、俄罗斯与北约集团重新陷入"冷战"、难民问题正在分裂欧洲、法国"黄马甲"运动发展成街头暴力、拉美社会政治再度大混乱……似乎正在证实作者七年前观点的睿智!

我愿意推荐此书的第二点理由,是本书对马克思经济危机理论的现代发展。

我曾犹豫要不要用"对马克思经济危机理论的现代诠释",毕竟作者本人都没有用"发展"一词。但读完全书,我觉得作者实实在在发展了马克思经济危机理论。作者本人认为,马克思的经济危机理论"能够解释以下三个事物之间的关系:经济周期,盈利能力的变化(利润)还有货币在现代经济体中的核心作用。"而我认为,与其说是马克思解释了三个事物之间关系,毋宁说是作者从马克思经济危机理论出发,借鉴明斯基以及米歇尔等人成果,在本书中真正从理论上构建起这三者间关系。

理解马克思经济危机理论,最为重要的一句话,是他在《资本论》中所指出,"一切真正的危机的最根本的原因,总不外乎群众的贫困和他们的有限的消费,资本主义生产却不顾这种情况而力图发展生产力,好像只有社会的绝对的消费能力才是生产力发展的界限。"这表明,生产过剩是经济危机的实质。这种生产过剩并不是社会产品的绝对过剩,而是相对于群众的支付能力是过剩的。马克思是这样解释其原因的:一方面,对剩余价值无休止的追求,驱使资本家拼命扩大再生产,且单个资本家根本无从判断社会总需求到底是多少;而另一方面,为节约生产成本,资本家又拼命压低工人相对工资收入。结果两对矛盾越来越突出:单个企业内部生产的有计划性与全社会生产的无计划性;生产出的总产品越来越多,而劳动人民相对购买力越来越下降。矛盾的总爆发就是相对生产过剩的经济危机。

马克思的逻辑是自洽的。但在新古典经济学占据绝对主流位置时,其前提(如"只有活劳动才生产剩余价值")包括核心概念(如"剩余价值")都受到质疑甚至无视,并大有逐渐淡出西方世界读者之势。为此,作者以马克思逻辑为起点,重新构建了一种经济危机理论。

作者提出,资本主义有一个基本特质——所有的企业从事生产都是为了利润。"而利润的来源,是雇工们所进行的生产劳动中,超越足以维持其

资本主义的冬天
经济危机和资本主义的失败

生存繁殖的那一部分。"当年马克思坚持使用"剩余价值"而不使用"利润",是因为马克思认为"剩余价值是对工资的扣除",而"利润是对预付总资本的扣除",只有前者才反映资本对劳工的剥削程度。但正如本书作者以及明斯基等人所提出的,对企业家来说,更关心的是"利润"。关键看"利润"如何定义。作者认为,对单个企业家,把利润视为总收入扣除总投资,而总投资既有劳动者工资又有中间产品;但对全社会来说,利润其实是"生产商品的总体货币价值大于企业支付的工资总额那部分"。因为此企业作为"不变资本"投入的"中间产品",也不过是其上游企业劳动者生产出来的;正如中间产品价格的提高,也不过是因为上游企业劳动力成本的提高而已。因此,单个企业关注的利润,是马克思讲的资本家作为整个阶级关心的不过是"剩余价值"并不矛盾。但作者使用"利润"这个词,既避免了使用"剩余价值"这一西方主流"不接受"的概念,同时在"总和"意义上却又符合马克思思想。

紧接着,作者又提出,在资本主义社会,企业家(即马克思所言的资本家)所获得的利润,最后都是以货币来体现的。所以,货币本身也成为企业活动的首要目的。而货币的获得,又有赖于企业生产的产品在市场上能够被消费者购买。但对全社会来说,因为企业家生产是为了获得利润,这决定了生产出商品的总体货币价值,一定要大于企业支付的工资总额。此时,生产与消费已经出现了不平衡。而又因为企业家对利润永不满足的追求,决定了在下一轮扩大再生产中,其用于不变资本的投资,一定在比例上要高于用于支付工人的工资。如此反复下去,作为消费者主体的劳动者手中的货币,相对于企业家生产出的商品所要实现的总体货币,其比例越来越小,意味着企业家能够以货币形式实现的利润将越来越低。这使得企业家投资意愿下降。而投资减缓意味着市场收缩。"这是一个恶性循环。商人和其他借贷者偿债的能力越来越差,银行和其他中介机构发行的各种各样的借条变得越来越没有价值,于是金融危机爆发,股票价格的下跌其实反映了商业企业的价值下降。个人与机构纷纷囤积货币,而不是把货币用于投资。很快,资本主义就陷入了萧条。"

通过以上对作者在本书中所提出的"经济危机"与"金融危机"理论的简单梳理,我们再总结一下其对马克思经济危机理论的发展:马克思经济危机理论是以"生产"和"剩余价值"为中心，而作者将其诠释为以"货币"和"利润"为中心；马克思经济危机理论与后来的凯恩斯、明斯基以及熊彼特等人的危机理论唯一共通之处就是均承认"资本主义的危机是相对生产过剩危机"，但关于危机的根源解释则完全不同，而作者在本书中却试图通过对危机展开过程的论证，能使马克思经济危机理论"容纳"下后者；马克思关于经济危机的理论已逐渐淡出西方主流经济视野，而作者试图通过努力使其至少能再度被普通人所部分接受。

对中国经济改革与发展的镜鉴意义，是我看重此书的又一重要原因。

目前能够被中国学界所接受的观点是，剥离开其意识形态色彩，"资本主义"一词，在学术上首先可以作为一个中性名词被对待：它更多指的以市场作为资源配置基本方式的经济体制。也因此，在西方主流经济学界，"资本主义"一般等同于"市场经济"。为中国主流学界推崇的名著、拉古拉迈·拉詹等所著《从资本家手里拯救资本主义》一书，作者的本意是"从企业家手里拯救市场经济"。也是从这个意义上讲，大凡西方学界对资本主义的批评性观点，其实都是对市场经济体制缺陷的提醒，都值得所有奉行市场经济国家所镜鉴，而何况作者在著作中还多处提到了中国，这更需要我们本着海纳百川的胸怀与态度，吸纳作者有价值的思想。

作者在本书中提到中国的地方有多处。首先是关于中国在世界经济格局中以及在金融危机发生中所扮演的角色。作者指出了中国经济与美国经济之间相当紧密但却不很正常的关系：中国出口消费品到美国，换取美国大量美元，再以购买国债形式回流到美国，刺激美国更高消费。作者认为这种模式不可持续。其次是关于中国在反危机过程中庞大的国家刺激计划，他认为也不可持续。这两点判断，中国执政者已经意识到，并正试图通过供给侧结构性改革予以弥补和改善。

著作中还有另外两个更值得中国经济改革与发展过程中需要注意的观点：

一是对中国经济"脱实向虚"的担忧。由于企业家对货币的无休止追求，对原来通过制造业这样相对缓慢且利润率较低的形式赚取货币利润，已越来越没有耐心。于是，"以钱生钱"的游戏也在中国蔓延。作者是这样写

资本主义的冬天
经济危机和资本主义的失败

的:"即便在中国,事情也在发生类似的变化:这个国家过去忙着生产所有东西,从钢铁到泰迪熊都在生产。如今,这个国家的大量金钱涌入房地产开发,泡沫正被越吹越大。"而按作者关于经济与金融危机的逻辑,企业家手中货币将越来越多,又因为企业家在虚拟经济包括房地产经济中投入可变资本即可转化为劳动者工资的那部分货币,与实体经济相比,其比例将大幅下降,这意味着以劳动者为主体的消费者手中货币相对量也将越来越少,如此下去,中国也不是不可能发生类似经济与金融危机。这值得我们警醒。

二是如何协调单个企业利润与全社会长远利益。作者在书中表达一个很关键的观点是,在市场经济中,对单个企业有利的决策,可能从长期看正好对全社会不利。尤其是,单个企业试图降低劳动力成本,以提高其利润,这种决策无疑是理性的也是科学的。但对全社会来说,就会导致劳动力相对收入下降,从而导致以劳动者为主体的消费者总和购买力不断降低。而另一方面,因为单个企业短期内劳动力成本下降而导致的短期利润上升,又刺激单个企业家不断扩大再生产。如此下去,生产不断扩大与消费能力下降之间的矛盾积累到一定程度,就可能以经济危机与金融危机形式表现出来。还有,也是单个企业出于降低劳动力成本的考虑,可能越来越愿意以机械化替代劳动力。短期内,单个企业利润的确会增加。但长期看,劳动力消费能力下降,而经济体利润以货币形式实现,只能在消费者那里实现,而不能从机器人或原材料那里实现,因此,长期看除非有其他形式干预,否则,即使是单个企业的利润,也会到达不仅无法增长、甚至无法实现的时候。联想到目前中国正在试图为所有的企业降低成本,正在推行工业智能化。如果只是国家减费降税,并且注意到前瞻性解决智能时代劳动者就业问题,这对企业是长期利好;但如果试图从降低劳动者工资水平与福利上找办法出政策,或者不对高科技发展背景下劳动力就业予以保护,长期效果可能不好,甚至可能是适得其反。这尤其值得决策者与企业家三思!

国家创新研究院研究员
卢周来

推荐序二

2007年末，美国金融系统出现严重动荡，几万亿美元蒸发殆尽，一场席卷全球的金融危机扑面而来。这次由美国次贷危机引发的金融危机已经过去十多年，但危机的阴霾似乎并没有散去，发达资本主义国家经济复苏的迹象并没有如期而至。到底是什么原因导致了这次危机？是人们的贪婪还是企业家泯灭了良心？是经济运行无序还是资本主义制度本身无法克服的缺陷？正当人们雾里看花的时候，美国学者保罗·马蒂克推出新著《资本主义的冬天——经济危机和资本主义的失败》，以一种全新的视角和宏大的视野，用马克思主义的批判精神对2008年金融危机进行了深度解读，给人一种拨云见日之感！

我认为该书有两点值得特别向读者推荐：

其一，运用马克思主义政治经济学的视角解读08金融危机并延伸到资本主义的危机史。在作者看来，无论是古典政治经济学或者新古典理论、在资本主义经历1929—1933年的大萧条以后产生的凯恩斯主义以及当代各种经济学理论，其实都无法对2008年金融危机以及资本主义周期性经济危机作出令人信服的解释，因为这些理论从根本上缺乏一种批判精神，经济

资本主义的冬天
经济危机和资本主义的失败

学家们无法跳出自己设定的分析框架。在作者看来，2008年金融危机的发生不是像某些人所说的偶然现象，而是由内嵌于资本主义内部的制度性缺陷引起的必然现象。由此，作者认为，马克思的"政治经济学批判"理论适合对这场金融危机予以解释，因为马克思早就预言，"资本主义的基础属性导致其天生就会滑向危机，反复发生的经济萧条就是明证，而且也将最终导致整个体制的崩溃。"

其二，作者以"冬天"来形容当前资本主义社会的发展状态，指出资本主义正遭受着前所未有的经济危机和经济萧条：失业率居高不下、银行扩张信用的意愿不强、在欧洲和其他地方接二连三出现的财政危机、经济增长乏力等。资本主义正在经历的危机表明资本主义这种"社会体制"被证明是失败的，因而必将走向崩溃。怎么办？在作者看来，面对资本主义的危机与失败，"人们不得不去寻找某种新的组织活动形式，这样才能在资本主义崩溃之际，建立一个新的社会体制。"这个新的社会体制是什么呢？在作者看来，"无论这个新体制叫什么，它都必须先废黜控制生产者和实施生产者之间的差别，要做到这一点，就要把现行的以市场货币交易（包括劳动力的买卖）为基础的社会体制给替换掉，代之以某种能够适应全球经济体系的、共同的社会决策模式。"当然，要建立这样的社会体制，必须依靠人类的集体行动，消除"屈从于私人企业赚取利润以及资本积累的冲动"的社会体制。

  虽然作者在书中对"社会主义"和"共产主义"的理解存在偏颇，但该书仍然不失为是对资本主义进行制度性批判的好书，书中对资本主义经济危机史的梳理、对2008年金融危机爆发的原因以及对各种经济学理论流派的分析，无疑为我们认识资本主义，尤其是当代资本主义的发展提供了新的视角。正如作者在前言中所说，"本书并没有避免提及理论，因为没有理论我们就无法理解实施，但我将努力避免提及任何学科的专业术语。"该书将深奥的经济学理论以简单易懂的语言和充足的信息予以表达，因而又可以称得上一部适合广大非专业人士阅读的经济学科普著作。

西南石油大学教授

张小飞

嗯，这不仅仅是我的事情
也不仅仅是你的事情
这是全世界的事情

——保罗·西蒙

目 录

引　言　　/ 1

第一章　发生了什么？　　/ 5

　　2007年以来，一系列事件使得全球经济震颤不已，我们要如何描述这些事件？貌似几乎所有人都认为发生了一次金融危机，而这次金融危机又导致了一次经济衰退。人们普遍认为，这次衰退是大萧条以来最为严重的一次。

　　经济学危机　　/ 16

第二章　沉浮　　/ 35

　　在关于今日经济危机的各种评论中，有一个显著的特征：大家一直在提20世纪30年代的那次大萧条，也在提第二次世界大战后的历次经济下滑（尤其是1981年那次相对严重的经济衰退），但没有人指出一个事实：资本主义经济是周期性发生危机的。

　　周期与利润　　/ 51

第三章　货币、利润与周期　　/ 63

　　经济萧条的开始，可能是一次股灾，就好像1929年那样；也可能是一次银行业危机，就比如2007年那样；而美国1837年的那次经济萧条，起源于一次房地产泡沫的破灭。

利润　/74

趋势与周期　/79

第四章　黄金时代之后　/87

一位美国经济历史学家认为，黄金时代跨度超级漫长，"它经历了一系列温和的衰退，而不是在几年后就消失殆尽"，之所以这样，部分原因是大萧条后，一直在采用当时被叫作"凯恩斯主义疗法"的措施。

第五章　恰当的政策　/115

投资专家、作家乔治·库珀则认为经济可能会经历"20年或更长时间的重新调整"。大多数人还谨慎地在他们的预测后附加了一个条件：如果短期内复苏会到来，那必须要有"恰当的政策"（罗比尼的话）。

混合经济体的窘境　/124

第六章　资本主义的未来　/145

2009年11月，大衰退已经开始了1年，《卫报周刊》毫不犹豫地宣称："资本主义之梦正在痛苦地死去。"

资本的限制　/157

"左翼"之后　/168

人类的未来　/178

参考文献　/195

致谢　/235

引 言

2007年末,美国金融系统开始瓦解,几万亿美金蒸发殆尽。当时,政客也好,大部分专家也好,无论是学术权威还是报纸上的金融版面,都认为事态很严重,但还不会像大萧条(指1929年至1933年之间发源于美国,后来波及整个资本主义世界的经济危机)那样严重。然而几个月后,所有人都在把这次危机与大萧条相提并论,只不过还是在坚持,只要政府迅速做了正确的事情,这次经济滑坡可以被控制。(或者换个说法,当时自由世界的领导人说:"那个蠢货要下台。")①

3年后,最坏的局面没有出现,人们普遍认为经济正在从大衰退中复苏。然而,这次复苏中,就业情况没有任何好转,银行依然不太愿意扩张信用,而欧洲和其他地方也接二连三地出现财政危机,这些都无益于缓解金融市场的不稳定。

就在几年前,那些阐释市场体系如何理性、如何高效、如何能够自我

---

① 2008年,时任美国总统的小布什曾经说过:"如果市场上的钱仍然不够,那个蠢货就要下台。"这其中,"蠢货"是指时任美联储主席的本·伯南克。当时很多人认为,美联储高层要为此次次贷危机负责。

资本主义的冬天
　　经济危机和资本主义的失败

　　修正的经济学家，还在赢得诺贝尔奖；而那些与他们唱反调的人也确信，政府恰当的政策能够弥补任何制约增长的因素，这些因素是资本主义发展过程中会突然碰上的。这些正统经济理论都无法解释，上一年以来的经济收益为何会如同全球变暖条件下的冰川一样，融化殆尽。全球股票市场财富蒸发，美国最大的9家银行在2008年伊始的3个星期内所损失的金钱，要多于他们在2004年后的3年内所赚取的利润总和，而政府还在拼命试图止损。

　　与此同时，人们依旧觉得，目前的危机是贪婪、企业不负责任以及金融市场违规所造成的。只有一部分出版物令人吃惊地承认，经济系统是因为其自身目前的无序而陷入危机。这类出版物的代表就是《经济学人》杂志，他们在2008年10月18日刊登了一篇报道——《资本主义陷入低谷》。在资本主义世界中，贪婪和企业不负责任并不是太新鲜的事情。当初的大萧条期间和大萧条之后，美国曾颁布了许多法规，以限制金融领域无节制的疯狂，这些法规的失效使得欺诈横行，投机猖獗，超过了限度，导致整个体系难以为继。但我们也应该看到，这些法规的失效还使得过去20年来的信用得以高速扩张，而没有信用扩张，这20年的经济景象也是不可想象的。要理解此次的大衰退，我们的视线不应仅仅停留在政府纵容资本家作恶、新式金融工具所造成的动荡（比如现在臭名昭著的次贷）以及信用违约互换，这些固然是造成经济瓦解的原因，但我们同时应当去探讨资本主义自身的长期波动。

本书就着力于把目前的事态放在长期的波动背景下进行讨论。当然，要做到这一点，需要判断过去所发生的事情里，哪些方面对于理解现状和推测未来是最有用的。说得温和一点，即目前的经济理论无法预测未来，甚至无法解释现在已经发生的事情，这让我们也不必把那些吵吵闹闹的从业者所说的话太当真。杰姆斯·加尔布雷思日前从他广博的研究领域中得出一个结论："把讨论的中心聚焦在常规经济学上，这么做是毫无意义的。"让我们就从他所得出的结论开始本书的探讨。[1] 而我更愿意运用卡尔·马克思的思维，这个人说自己并不是一个经济学家，而是一个经济学理论的批判者。

马克思生活的年代距今很久，他笔下的资本主义，与当今的资本主义在许多重要方面有所不同。但他创建的理论运作在高度概括的平台上，这使得这些理论与当今的经济体系仍有一定的相关性。[2] 而且马克思的理论概括与那些常规的经济学有所不同，后者声称其理论能够置之于整个历史而适用，马克思则比较强调现代社会的一些特性，这些特性使得资本主义与其他社会系统有所不同。他强调经济事务中金钱的作用，尤其强调经济活动中获得利润的必要性。同时，马克思的理论集中于对经济荣枯变化规

资本主义的冬天
经济危机和资本主义的失败

律的一般性理解，并且认为经济政策是有局限性的。最后一点我们会在后面提到，现在政府就在试图推动陷入低谷的经济恢复生机。

2007年经济危机开始时，我曾经用上述方法准确地预测了事态的发展，而大部分专业评论家却没能做到这一点。这使得我对上述方法更加具有信心。这倒不是因为我比其他人更聪明，其实我获得资料的渠道要比专业经济学家少得多；我之所以能够更准确地预测事态发展，是因为对于目前发生的事情，我的思考、理解方式与别人不同。而这也是我想与读者们分享的东西。

这本书并没有避免提及理论，因为没有理论我们就无法理解事实，但我将努力避免提及任何学科的专业术语。在我想来，阅读本书的读者既不需要熟悉经济学，也不必通晓经济史；我会提供充足的相关信息来方便读者理解现在发生的事情。我不会花费太多时间来讨论替代方法（这方面无法避免，或者不得不提到的相关评论大部分会限于脚注内展现），也不会局限于讨论主流经济学理论，这些理论目前已经影响到了经济政策。

本书中大部分历史数据引用自官方来源。由于我们能获得的数据只有这些，因此我们只能使用它们。但这些数据的准确性是有所欠缺的，这一点众所周知，或者说大家是心知肚明的；因此，对于增长率和失业率数据的准确性，我们应当保持怀疑。[3]

第一章

发生了什么？

2007年以来，一系列事件使得全球经济震颤不已，我们要如何描述这些事件？貌似几乎所有人都认为发生了一次金融危机，而这次金融危机又导致了一次经济衰退。人们普遍认为，这次衰退是大萧条以来最为严重的一次。

第一章 发生了什么？

2007年以来，一系列事件使得全球经济震颤不已，我们要如何描述这些事件？貌似几乎所有人都认为发生了一次金融危机，而这次金融危机又导致了一次经济衰退。人们普遍认为，这次衰退是大萧条以来最为严重的一次。不过大部分人还是觉得，美国政府采取了迅捷的行动，保护了一些金融企业，从而提振了经济，为经济复苏嫩芽的萌发扫清了障碍。而美联储主席本·伯南克在2009年夏末就认为，"经济复苏的嫩芽"已经出现。[1]当时一些经济学家和记者认为至少在1~2年内，还不会出现经济的全面繁荣。同时，几乎所有人都觉得即便经济情况有所改善，这也会是一次以失业率

资本主义的冬天
  经济危机和资本主义的失败

高涨为特征的"经济复苏"。但当我在2010年中期完成本书的写作时,人们普遍认为我们正在从可悲的"大衰退"中走出来,这可是经过BCDC(国家经济研究局经济周期数据委员会)确认的官方观点。BCDC在2010年9月份宣布,衰退在15个月之前就已经结束了。

同时,人们在另外一点上也达成了共识:究竟是什么导致了美国金融业的崩溃,并进而导致了全球经济的倒退?这次崩溃是一次意外所造成的(或许这次意外是可以预见的,即便大部分经济学家和金融学家没有预见到):金融领域从20世纪90年代以来疯狂获取利润,导致金融从业者敢于不顾一切地冒险,而政府监管的松弛也在推波助澜。

要想理解上述观点,我们可以看一下那些职业投机者的嘴脸,并以之作为例子。他们在银行、对冲基金和其他金融企业供职,获取了巨量的薪水和分红,这刺激了他们,使得他们拿公司的钱,甚至拿其他人借给公司的钱去冒险,以追求短期的利润。这些短期利润的数额有些还在政府监管体系所允许的范围之内,而有些甚至超出了这个范围。在这里,我们可以引用一个特别简单易理解的例子:诺贝尔奖得主,经济学教授保罗·克鲁格曼曾经在《纽约时报》上撰写专栏指出:"要想在未来几年内避免又一次金融危机的发生,最简单、最好的办法就是调整银行家的赔偿金。"[2]

固然,滥用金融杠杆,过度风险投机是全球可见的现象,但问题的核心仍然在美国——她是全球主导性经济体,也是世界金融中心。在这里,交易者偏好风险的行为,植根于放纵奢侈的生活文化。太多美国人以个人名义借了太多的钱,太多的银行向不靠谱的个体消费者放贷。由此所造成的风险又被技术创新给放大了。这些技术创新原本被认为是通过分摊风险的方式来控制风险,也就是将抵押贷款和其他种类的贷款给"证券化",把它们打包在一起,作为债券出售。通过这种方式,放贷银行不再是将钱投给真正的不动产，然后等着贷款被偿付，而是以结构复杂的证券包（即所谓担保债务凭证，CDO）的形式，将贷款获偿权出售给投资者，从而从上述抵押贷款中获取利息（当然还可以把其他方式的贷款，比如信用卡贷款，也打包成债券出售）。购买这些债券的投资者包括其他银行，养老基金，等等。当然，投资者也可以将这些担保债务凭证转手卖给其他人，或者以这些担保债务凭证作为担保，获取巨额贷款，购买更多的证券，或者用来豪赌品类日益迅速丰富的金融衍生品。这种投资被《金融时报》形象地描述成："就好像两面镜子对照，从而使得一个实实在在的东西无限制地被投射出幻影。"比如，在危机到来时，有大约62万亿的信用违约互换衍生品在金融市场上"飘荡"。

到2007年1月，美国以抵押贷款证券为基础的金融体系结构，呈现一个倒置的金字塔形状。这些抵押贷款证券自身已经几乎与真正的楼房脱钩，也几乎与购买这些楼房的钱脱钩，它们的价值高达5.8万亿。在这其中，有大约14%的次级抵押贷款，也就是偿债能力很差的人所贷的款。2006年，这些人难以偿还贷款，于是整个倒金字塔体系崩溃了。

大量借款人因为无法偿还贷款而失去了拿回抵押品的权利，这种情况并不令人意外。在美国，非管理部门工人的实际薪资水平在20世纪70年代就已经达到了顶峰，并且自那以后一直没有显著增长（而且在2000年以后，由雇佣者支付的健康保险总额度出现了快速下跌）。就业率的趋势也与之相同。有些抵押贷款的偿还额不是固定的，当这个偿还额迅猛上升时，越来越多的人就无法偿还了。从2004年开始，美联储提高了利率。而在此之前，美联储的低利率政策鼓励人们进行借贷，很多人甚至出于投机目的进行了借贷。当利率上升时，抵押贷款的成本也就相应上升，房屋也就越来越难以出售，房价随之停滞不涨，甚至出现下跌。这些情况的出现，又导致再融资的难度上升，甚至完全不可能获得再融

资本主义的冬天
　　经济危机和资本主义的失败

资。而在此之前，出借贷款者告诉购房者，他们可以获得二次贷款。到2007年12月，美国将近100万房产持有者因为还不了贷款，面临房屋被收走的窘境。房价开始以更快的速度下跌，抵押贷款市场崩溃，而以之为基础的整个证券化投资体系也陷入崩塌。此时，这个证券化投资体系已经是美国以及全世界金融体系的庞大构成部分。

　　艾伦·布林德是美联储前副主席，现在在普林斯顿大学任教授，是克鲁格曼的同僚。他这样描述上述情况："信用衍生品、掉期交易，身处这些五花八门的东西之中，人们很容易会忘记一点：所有这些玩意儿的根本，是房价。而房价现在正在下跌。"卑微的房主也好，华尔街的主宰也罢，都认为房价会永远上升。

　　一些机构购买抵押贷款的债权，并且以此为抵押品再进行借贷，它们仍然觉得相应的房屋是高价值物品。但突然间，这些机构发现自己已经无法履行义务。大量机构购买了

第一章 发生了什么？

证券化的抵押贷款债权，由此深陷于抵押贷款市场，这导致整个金融系统迅速遭到了致命的打击。越来越多的人断供，需要有更多的担保物来支撑借贷，这进一步压缩了上述机构的回旋余地。大银行被迫合并或破产，保险业巨头美国国际集团担保了价值几十亿美元的类似交易，要不是美国政府基金输血，它也会倒下。银行信用断绝，而资本主义就是依靠信用生存的。资本主义不仅需要人们每月偿还他们的信用卡账单，还需要各类大小企业每周向员工支付工资，以及支付其他各类运作开销。由此，从短期来看，上面的叙述告诉我们，是金融危机制造了大衰退。

但这个故事还有一个更复杂的版本，也就是将它放在全球尺度下看。毕竟，最近几十年来，美国的经济扩张造成了美国与世界其他国家之间的贸易增长，也造成美国与世界其他国家之间的经常性项目赤字增加。美国人从别国购买的商品，要多于别国从美国购买的产品。美国人所花出去的钱，

资本主义的冬天
经济危机和资本主义的失败

会流回美国,主要投资在股市、债市和楼市,同时也会投在美国国债上。这个经济循环是好是坏,各人有各人的看法,但无论如何正是这个循环使得美国人一直可以向全世界输出美元,购买商品。同时,流回美国的美元使得美国能够保持低利率,美国人也由此可以购买外国制造的商品,获得抵押贷款,用来购买房屋和公寓。许多国家都被卷入了这个经济循环之中,其中中国政府成为美国国债的最大持有者,这使得美国消费者对于中国商品的需求不断增长,也使得中国商品在美国的售价低廉(而大量美元涌入中国,推高了中国货币,也就是人民币的价格,[3] 使得世界市场上的中国商品变得更加昂贵)。

这样一来,中国和其他主要的美元持有国,使得美国人养成并且维持了目前的消费习惯。随着这种消费习惯一同出现的还有债务扩张以及过度投机,这两者也是金融危机的促成因素。马丁·沃尔夫是《金融时报》的顶级专栏作家,他

第一章 发生了什么？

在其专栏中写道：

> 那些高收入且信用体系和住宅体系具有弹性的国家，往往更愿意举债。它们的举债抵消了全球其他国家的剩余储蓄。宽松的货币政策更加为这种过度消费大开方便之门，而楼市泡沫则是这种过度消费赖以发挥作用的平台。[4]

反过来，一旦这种金融体系在美国运转不畅，其恶劣影响势必会传导到整个世界。如今，各个国家经济体之间，已经通过金融和贸易纽带连接成了一体。

所有这些事情都能就此得到解释，经济领域中的许多现象也根源于此。对于阅读主流报纸金融版面的读者来说，上述现象他们再熟悉不过。有些优秀的人似乎要问：接下来该怎么做？金融体系需要何种改革？或者说，何种改革是可行的？在这个国家或者那个国家里，是否需要更多的刺激政策来给经济引擎输血，或者说目前为此已经投入得足够多？当经济恢复正常时，应当采取何种措施来帮助失业者，来维系公共服务？约翰·西尔维亚是美国富国银行的首席经济师，他对上述前景的看法最为乐观。2009年7月29日，他在《纽约时报》上发表了一份"研究简报"，称："衰退已经结束，经济正在恢复——让我们不要再把目光停留在过去，朝前看吧。"

经济学危机

西尔维亚之所以采取这种立场，是因为他是当今主流经济学理论的信仰者。根据过去30年里权威经济学家的看法，金融交易构成一种高效的机制，使得资源能够在各个潜在用途中得到合理分配。当然，金融交易在目前的大衰退中也扮演了关键角色。马丁·沃尔夫现在沉痛地认识到,世界经济存在着根本性的不平衡,而在2004年他发现了一种让全球金融交换体系获得平衡的方式,他唯一的妙招就是:"如果亚洲人今天希望挣的比花的多,那么就要鼓励其他人花得更多。"[5]事实上,从历史角度来看,一个相对停滞的经济体才是本质上"稳定的"经济体,这种经济体经历了各种程度的衰退,并且正陷于无穷无尽的银行危机、债务危机和货币危机而不能自拔。罗伯特·卢卡斯是诺贝尔奖得主,他于2007年末(当时房地产金融已经陷入瓦解)在《华尔街日报》上撰文指出:

> 我很怀疑一种观点:次级抵押贷款问题会波及整个抵押贷款市场,导致建房工程中止,进而导致整个经济陷入衰退。整个链条中的每一个环节都值得质疑,并且都无法量化。过去20年发生的事情都在告诉

资本主义的冬天
经济危机和资本主义的失败

我们，实体经济获得了强大的稳定性。[6]

根据这种对于资本主义的观点，造成经济动荡的原因只能来自经济体系本身之外，尤其是来自政府错误的法律、财政和金融政策。

按照这种逻辑，在21世纪之初的今天，经济学仍然秉持着其最早先的观念，对于私人企业体系抱有极度的好感。在整个19世纪，正统经济学坚持认为，资本主义经济的自然状态能够全面、健康地运用资源，从而生产最多的商品用来消费。亚当·斯密在1776年出版的《国富论》中已经指出，资本主义经济的整个要点，就是每一个个人都通过满足他人的需求，来获得自己的生活所需。只有卖得出去的东西，才会被生产出来；之所以会有借贷、土地租赁和劳动雇佣，只是因为这些行为所导致的生产过程能够满足某种需求。反过来，卖出产品所赚得的钱也会被花出去，要么被消费掉，要么被投入进一步的生产过程中。大卫·李嘉图是18世纪早期理论的卓越分类者，他认为经济会自然地趋向于一种平衡的状态，在这种状态里，所有的产品都能找到购买者，其售价也都很"自然"。的确，李嘉图看到了资本主义所面临的麻烦，但在他看来，这麻烦不过是人口增长将会使得越来越多贫瘠的土地需要得到开垦。财富将由此从企业家手上转入地主手中，并且最终约束发展，这一点是物理本质的缺陷，而不是经济问题。让·巴蒂斯特·萨伊是李嘉图的追随者，他认为资本主义会自我管理，"供给会自动产生需求"。既然根本没有办法事先知道每个种类的产品会被消费掉多少，那么供给和需求之间，必然存在暂时的不平衡。但价格会相应地产生起伏，并做出必要的调整。

到了19世纪晚期，斯密、李嘉图及其追随者们所秉持的"古典"政治经济学走向末路，取代它们的是"新古典"理论。与"古典"理论相比，"新古典"理论在很多方面相当

资本主义的冬天
　　经济危机和资本主义的失败

地不同。

　　"新古典"理论并不强调社会各阶层的收入差异,而强调个人的决定。借用物理学里的"平衡"概念,以及静态力学中的数学,这种新的经济学仍然认为,从本质上来说,资本主义是倾向于达成一种平衡态的。在这种平衡态中,每个个人都会最大限度地得到满足,同时受到他们与系统内其他部分关系的限制。(不过这里有个问题,即资本主义作为一个财富制造系统,会倾向于增长,这就与上述理念矛盾了,如何解决这个矛盾,让未来的思想家去考虑吧。)由此看来,相对于某些特定市场的不平衡,整个市场体系是不可能崩溃的;如果确实出现了普遍性的麻烦,那么一定是非经济因素在作祟,比如天气、人类心理或者政府的错误政策。

　　1929年开始的大萧条(之前"萧条"二字用来指1873—1896年间的经济下滑)最终使得约翰·梅纳德·凯恩斯产生质疑:自然稳定状态和永久增长之间存在矛盾。凯恩斯在学术上也是非常重要的人物,他在凡尔赛会议期间,是英国政府的金融代表,正是这次会议结束了第一次世界大战。他还是剑桥大学经济学教授,也是英国知识界的标志性人物。在他1936年出版的《就业、利息与货币通论》一书中,凯恩斯注意到,传统经济学认为资本主义经济的本质在于自我规范,但这个体系在"自我规范"后进入一种不充分就业的状态。凯恩斯认为,经济的要点在于利用资源、自然和人力来生产商品用来消费,在这一点上他和传统理论没有分歧。但他同时认为,国家应当在上述过程中进行干预,即以未来的税收作为抵押获得借款,以借来的款项雇佣工人,从而增加消费者,然后带动新的投资来满足这些消费者的需求。

与其前辈一样,凯恩斯认为经济崩溃是非经济因素造成的,这个因素就是人类的心理。正是人类的心理使得消费增长无法跟上生产力增长,也使得人们总是无法充分预测到投资所能够带来的收益。不过既然人类导致了问题,那么人类

资本主义的冬天
经济危机和资本主义的失败

也能修复问题:政府的政策就能够消除人类的不良心理预期,从而达到充分就业和全面的景气。这也是"刺激"概念的来源,在这个概念中,提振经济的要义在于将经济稳定在一个新的"供给—需求"平衡上,然后让它自然而然地稳定下来,在一个更高的就业和消费水平上运行。

凯恩斯的书1936年出版,书中的理念已经被阿道夫·希特勒以及富兰克林·罗斯福付诸实施,他们都通过扩张政府支出来弥补资本投资和消费需求的萎缩。第二次世界大战接近尾声时,大规模的军费开支使得就业率处于很高水平,人民生活水准也有提升,至少在美国是这样的。这使得"凯恩斯主义"获得巨大成功(当然,"凯恩斯主义"未必全都是凯恩斯的功劳,此后几十年间,凯恩斯的许多信徒们就是这样认为的,但无论在政治还是学术领域,他们都没有取得多少进展[7])。经济萧条似乎是可控的,甚至是完全可以被避免的。

有意思的是，1970年代，人们对于凯恩斯的理论也失去了信心，因为经济又出现了停滞，而且同时出现了通货膨胀。但这并未让人们去探寻"经济周期"的本质，也就是经济"收缩—扩张"的交替出现，而是让人们再次坚信，让市场没有外来干预地运转下去，才是经济领域里最好的解毒妙方。但实际上，在罗纳德·里根治下，政府对于经济的刺激达到了战后高点。而里根恰恰是自由市场的鼓吹者，他一直抨击"邪恶帝国"苏联的国营经济体制。

然而，在经济理论学界，我们可以看到，从1970年晚期开始至今，占主导地位的一直是各种类型的"市场高效"假说。这种假说发端于19世纪的一系列研究，研究的对象是商业决策过程的本质到底是什么。根据这些研究，要估算股票的真正价值，最好的方式就是看股票的市场价格；要评估商业企业的实际状况，最好也去看其股票的市场价格。因为市场是指所有买方、卖方之间所发生的交易，而单个股票的定

资本主义的冬天
经济危机和资本主义的失败

价会考虑到所有能够获得的信息。原来,我们只认为商品市场具有自我平衡的天性,这也是古典自由放任经济理论的基础。而这样一来,上述理论假说也可以适用于整个资产市场了(包括股票、房地产、商品期货以及其他类似CDO之类的投机性投资)。

上述理念最近几十年间在经济学界占据了主导地位,以至于当金融"纸牌屋"倒塌时,人们开始强烈怀疑整个经济学理论。2009年4月16日,《商业周刊》的封面文章就是《经济学家到底有什么用?》。文章指出,固然,这个世界太过复杂,无法精确预测,但我们还是很沮丧。因为大萧条都过去70年了,经济学家们依旧没有在自己的领域里达成一致。更尖锐的抨击来自学界内部,保罗·克鲁格曼在《纽约时报杂志》上刊文《经济学家是怎么错得如此离谱的?》,在文中,克鲁格曼并没有抨击所有的经济学家,而是把火力集中在那些"新古典理论"的追随者们(至于1970年代,凯恩斯理论为何会声名狼藉,克鲁格曼并没有讨论)。克鲁格曼认为,经济学界失败的核心原因,在于从业者们一直渴望一种包罗万象的,并且在智识上显得十分优雅的研究方法,并期望通过这种方法来炫耀自己的数学功底。克鲁格曼认为,过去30年统治经济学界的研究方法完全是误人子弟,呼吁重回凯恩斯主义的理论框架。凯恩斯理论部分承认,经济从根本上讲就是一团乱麻。[8]

罗伯特·斯基德尔斯基因撰写凯恩斯的权威传记而名声大噪,他也在《金融时报》上撰文指出:市场高效假说与现实中的经济现象不符,两者的冷酷冲撞"导致主流宏观经济学失去了人们的信任",经济学家们以前一直说他们从事的是一门可以预测未来的学科,现在这个谎言被揭穿了。[9]

经济学没能正确地预测经济走向,这让人震惊。那些专业的预测准确率极低。第二次世界大战结束后,经济学家们在理解和管理经济方面一度取得了明显的成功,对于经济学

资本主义的冬天
经济危机和资本主义的失败

的狂热开始蔓延,这导致20世纪五六十年代,许多企业在本公司内部雇佣预测师。但后来"由于经济预测师的表现差劲",今日"财富500强企业几乎没有一家再直接雇佣经济师了。而且,他们完全不再依赖预测师……"[10] 很明显,经济学如果作为一门预测性学科,是不靠谱的;同时,那些与现实打交道的从业者也无法赞同这些理论。但《商业周刊》作者彼得·考伊、克鲁格曼以及斯基德尔斯基同时认为,经济学所承载的重大理论意义,还没有其他学科可以承载、超越。

我们已经看到,许多人试图直面经济学在实践层面上的土崩瓦解,但在大多数情况下,他们仍然接受经济学领域的一些基本教条,尽管这些教条如今已经被认为不可信。这些理论总是认为资本主义的本质从根本上讲是不存在问题的,除了金融过度。乔治·库珀是专业基金经理,他最近撰写出版的新书中认为金融系统的本质就是偏好风险的,并且毫不留情地嘲笑了市场高效假说。用他的话来说,"商品和服务的市场"被打上了"稳定"的标签,但这个标签"总体上并不适用于资产市场、信用市场和资本市场",这个系统一旦陷入了不平衡,就不会自动返回平衡状态。[11]

问题并不在资本主义经济本身,商品和服务的生产以及利润分配过程通常被认为是"真实的经济行为"。金融体系的上层建筑就是屹立在这一基础之上的,它更容易失控。金融体系的变动,也是底层经济结构自身变动的反馈。一些"左翼"思想家或许更愿意去发现一些资本主义已经过时的证据,但即便是他们,在这方面也同意上述主流观点。[12]

还有一些"左翼"学者在解释金融过度行为时,试图把金融体系的脆弱性和凯恩斯关于有效需求不足的诊断方法结合起来。大卫·哈维尔在其新书中就是这样解释当前的经济下滑的:20世纪60年代,有关方面试图降低工人居高不下的工资,来保证资本主义繁荣能够继续延续下去,却导致了当

资本主义的冬天
经济危机和资本主义的失败

前的危机:

采取这种行动是为了缓解劳动力供给的危机,并且遏制20世纪70年代工会组织的政治权力。但这一措施也导致工业品有效需求的降低,使得20世纪90年代企业在市场上难以获取利润。为此,有关方面又采取扩张信用系统的措施,让劳工阶层更容易获得贷款,以刺激需求。但这又导致劳工阶层举债过度,其举债程度与实际收入严重脱离,使得人们开始对借贷体系的信心产生动摇(到了2006年,信任危机爆发)。[13]

但如果大衰退真的是从金融危机发展而来,那为什么世界经济仍然在减速?我们已经对金融系统进行了紧急援助,还对整体经济采取了刺激措施,这些应该会产生经济复苏的萌芽。

此外,为什么就算是复苏,这种复苏也不产生更多的就业机会？而是要政府投入才能使得需求复苏、就业增长（分属各种意识形态范畴的凯恩斯主义者，从克鲁格曼到哈维尔，都持这种观点）？在2010年春季的美国，当上述文字被写下来时，金融领域再一次出现了巨额奖金，但工资仍然没有上升。这还是说得客气的，因为工作时长在缩短，失业率却在上升。剩余的投资性房产正在通过金融交易获得极高的利润，而同时，银行仍然不愿意向有待复苏的行业提供信用，于是这些行业依旧沉沦着，扩张更是遥遥无期。通用汽车在2008年接近破产，现在已经被救了回来。很明显，它能获救全是因为政府采取了行动，而且即便从危机中幸存，它依然进行了大规模的裁员，侥幸没有被裁的员工，也不得不接受更低的薪资，医疗和退休金方面的待遇也被削减。非但如此，这家公司所在的密歇根州和加利福尼亚州（美国最大的州）滑入了财政崩溃的深渊，一批大学、中小学和图书馆被关闭，医疗等基础公共服务被削减。与此同时，欧洲经

资本主义的冬天
　　经济危机和资本主义的失败

济继续减缓,失业率上升,日本依旧在经济停滞的泥沼中挣扎。据报道中国在2009年仍然取得了9.1%的经济增长率,这个漂亮的数字是真实的。中国之所以能"幸免",部分原因在于其工业能不断地从别国生产者手中拿到市场份额,这要归功于:一、中国政府的补贴;二、人民币汇率处于低位;三、这个国家非常高效,能够控制工资成本。不过很明显,中国的成就还有更主要的原因:国家将4万亿人民币(5900亿美元)注入经济,还创纪录地将银行债务提升到9.6万亿人民币(1.4万亿美元),这些资金中有很大一部分进入了房地产投机领域。事实上,这种"增长"有很强的"人为"痕迹,这也引发了官方的忧虑:"这种刺激政策导致对工厂和其他设备的过度投资,可能会产生经济问题:在超饱和的市场内,生产者可能会被迫大幅度降价,这样它们或许无法偿还银行的贷款。"这个国家的房地产泡沫正在成形。[14]

　　如果不遵从约翰·西尔维娅的教导,将目光向身后投去

第一章　发生了什么？

的话，我们立刻就会面临一个问题：世界经济的不平衡，连带着金融崩溃到底是如何发生的？让我们捡起上述故事的线索，问一下自己：中国以及其他东亚和中东国家的政府购买美国国债，是促使美国房地产产生泡沫的原因之一吗？那么，这些国家的政府有了大把的美元，为什么要去购买美国国债，而不是投资美国的工业？当然，上面已经指出过，这种做法能够帮助这些国家维持自身货币的汇率地位，使得这些国家货币的价值得到保护。中国几乎不可能有意愿来资助美国的制造业，因为中国发展的基础就是取代美国成为制造业的中心。不过，美国经济作为制造业引擎的确是没落了，作为消费引擎却没有没落，这到底是为什么？此外，除了股票债券市场、房地产市场和金融衍生品市场，美国其他领域的投资都在减速。到了2007年，所谓金融服务领域的利润，占全部企业利润的比例达到28.3%，创下历史纪录，这又是为什么？正如有评论家指出的那样，从2000年到2005年，"非

资本主义的冬天
经济危机和资本主义的失败

住宅投资和净出口都处于衰退期,所以个人消费和住宅投资单独成为整个经济的驱动力"。而这两个经济部门能繁荣,全靠抵押贷款的扩张。[15]

而且,上述情况并非只发生在美国,为什么全球经济越来越依赖于投机性交易?那些曾经的"发展中国家"是如何变成"发展中市场",并且将经济中心转向证券、房地产交易和大宗商品期货投机的?即便在中国,事情也在发生类似的变化:这个国家过去忙着生产所有东西,从钢铁到泰迪熊都在生产。如今,这个国家的大量金钱涌入房地产开发,泡沫正被越吹越大,已经有专家对此表示担忧。而今后,可能有更直接的问题会让这些专家心烦意乱。

我们应当看到的是,1980年后全球范围内金融活动的扩张,以两种方式表现出来:一是"全球化",二是美国经济的繁荣,而一般认为,美国经济繁荣为全球经济提供了动能。反过来,本次经济危机以金融危机的形式表现出来,并

第一章　发生了什么？

不意味着经济的其他领域没有问题，而是因为金融是整体经济中最为活跃的一个部门，也正因为活跃，导致其自身弱点首先暴露出来。

很明显，分析当前经济形势的主流方法是存在问题的。部分原因在于评论家们在试图了解我们所在的这个社会系统时，所使用的术语。这些分析过程中遇到的困难，必然与下列因素有关，即没能充分理解经济事件究竟是如何发生的。要了解世界经济已经发生了什么，以及目前正在发生着什么，我们就不能仅仅痴迷于当前的经济学理论，而是要有更为广阔的眼光。我们必须把目光投向历史——资本主义系统的历史，尤其是第二次世界大战以来资本主义系统的历史。

第二章

沉浮

在关于今日经济危机的各种评论中,有一个显著的特征:大家一直在提20世纪30年代的那次大萧条,也在提第二次世界大战后的历次经济下滑(尤其是1981年那次相对严重的经济衰退),但没有人指出一个事实:资本主义经济是周期性发生危机的。

第二章 沉浮

在关于今日经济危机的各种评论中,有一个显著的特征:大家一直在提20世纪30年代的那次大萧条,也在提第二次世界大战后的历次经济下滑(尤其是1981年那次相对严重的经济衰退),但没有人指出一个事实:资本主义经济是周期性发生危机的。即便我们最不经意地瞥一眼历史,也会发现最近发生的这些事情实在是很平常。从19世纪20年代开始,每隔10年就会发生一次大的经济危机,而且越来越严重,直到1929年发生大萧条。比如,1835年《国家公报》报道称,美国发生了投机性泡沫,其原因是交易量的扩张,这种交易量的扩张可能是美国将运河以及铁路系统向西部延伸

资本主义的冬天
　　经济危机和资本主义的失败

所造成的（1830—1837年，纽约房地产价值飙升了150%）。

在我们所有的主要城市，对于股票和不动产的投机比过去更加普遍并且夸张。如今，在股票和其他投机市场里，有着大量风头正劲并且不顾一切的交易者，他们处于生活中的各个阶层，年纪有大有小，有着不同的职业和地位，之前他们从没进入过投机市场，也从未料到自己会进入投机市场，甚至他们自己想都没想过自己会在这个市场中出现……他们狂热地追逐资产泡沫，就好像那些有闲的富翁一样肆意挥霍。[1]

到了1837年，接二连三的银行倒闭导致国内贸易以及国际贸易的崩溃。"成百上千的企业倒闭，工人们被撵出工厂大门。在西部和南部，成千上万的农民失去了他们的土地。纸面财富在一夜之间蒸发殆尽。"[2] 而南北战争后美国工商业资本主义的增长,甚至导致了更为严重的危机。尤其在1893年,"约500家银行以及1.6万家企业破产倒闭",导致了严重的经济萧条,经济活力下滑25%,失业率高达15%~20%,导致了广泛的社会动荡。[3]

事实上,从19世纪早期到20世纪30年代末,在三分之一到一半的时间里(各种权威记述中,危机开始及结束的日期有所不同),资本主义都是在萧条中度过的。[4] 有时候,比如1847—1851年,经济危机会引发重大社会变革;有时候,比如1857—1859年,经济危机固然使得老百姓生活困窘,经历了苦难,却几乎没有引发大的政治问题。总体上,在这一段时间里,经济危机的影响越来越深刻,持续时间也越来越长。1929—1939年的大萧条结束后,[5] 经济出现了复苏,之后的几十年间经济波动却放缓了。这样一来,即便是认真研究经济周期的人也忽略了经济衰退就算是在早期,也可能导致社会动荡。托德·努普近日就这个问题所发表的教科书

资本主义的冬天
经济危机和资本主义的失败

就得出一个结论："总体来看,对经济萧条的研究和对经济周期的研究,并不是一回事。"努普令人吃惊地否认历史事实,他说20世纪30年代的大萧条是"史无前例的",[6] 还说许多经济学家发现,当前的经济危机是无法预料的,也难以解释。

这等于是回归了最早的研究经济危机的方式,将所有经济危机都视为独立的事件,割裂开来单个地进行分析。然而,早在19世纪晚期,人们就理解了,经济领域会反复循环地出现一系列事件,而经济危机是这一系列事件中的组成部分。我们必须这样理解经济危机,而不是将其视为一系列彼此无关的现象。

每一次危机都会导致衰退,表现为工业生产下滑,失业率上升,工资以及其他各类价格下跌,还有金融机构破产倒闭。在此之前或者在此之后,还会伴生金融动荡以及信用崩溃;每一次危机,生产力和就业率都会恢复到比危机前更高的水平。这样一来，经济危机的概念在英语中演化成了所谓"贸易周期"或者"商业周期"。这是事态发展的一种模式，而且一直在重复，很明显，这是现代社会才有的现象。

17世纪和18世纪欧洲的一些城市就已经经历了金融动荡，比如伦敦、巴黎和阿姆斯特丹。在这些城市里，货币在社会生活中越来越重要，这导致了股票市场和其他金融模式的发展（一个最鲜明的例子，就是1637年阿姆斯特丹郁金香球茎市场的崩溃，这也是有记录以来首次发生的经济泡沫）。经济日益以货币为中心，导致了工业革命，资本主义也大范围地兴起，成为主流社会制度，伴随着这些，新事物出现了：社会制度整体危机。当然，在此之前社会生产和社会消费会被一系列干扰因素波及：战争、瘟疫以及歉收。而资本主义到来后，出现了一些新的现象：粮食丰收、食物堆积如山的同时，饥饿仍在发生；和平时代工厂闲置、工人没有工作，但事实上针对他们所生产的商品，还是存在需求

资本主义的冬天
　经济危机和资本主义的失败

的。现在，普通生产、分发和消费过程中的崩溃不再是自然或政治原因造成的，而是特定的经济因素造成的：没有钱购买所需的商品，利润太低不值得进行生产。

起初，只有资本主义经济最发达的国家受到影响（1825年的危机只在大英帝国和美国发生）。但在之后长达100年的时间里，随着资本主义在世界范围内的扩张，随着各国通过贸易和资本活动更紧密地联系在一起，"危机—衰退—复苏—繁荣"的周期性现象在更多的地区里发生——只不过各国经济周期的表现各不相同，发生的程度以及时间也有所不同。

到了19世纪末期，经济荣枯的转化是如此令人不安，以至于引起了社会分析师的注意，即便当时在已被普遍接受的理论经济学框架中，也几乎没有关于经济荣枯转化的内容。

到了1860年，法国道德科学与政治学院资助了一次学术比赛，主题是"探寻19世纪欧洲和北美经济危机的原因，并调查其影响……随着商业关系的扩张，欧美经济危机所带来的动荡也在波及越来越多的地区。"⁷此次比赛的奖金获得者是克莱门特·朱格拉,他通过广泛的统计学研究,揭示了经济周期的规律。朱格拉的职业是一名物理学家,他借用了物理学里,正态分布以及系统性扰动的概念,揭示了每次经济危机尽管有各自的特点,但都有周期性的阶段往复规律。他觉得"危机和疾病一样",是"工商业主导的社会中,一种事实存在的状态"。⁸ 70年之后,尽管已经有了汗牛充栋的文章、手册和书籍探讨这个主题,但被广泛接受的理论仍然付之阙如。这使得国际联盟大会资助了一项关于经济周期的重大研究,这个组织诞生于历史上最为严重的经济崩溃时期,他们觉得"大萧条持续的时间太久","其经济和社会影响太过严重",因此发起了资助计划。⁹

当时,无论是古典经济学还是新古典经济学,都没有给系统性的经济崩溃留下理论空间。因此,当时是一些被视为异端的学者,做了关于经济荣枯周期的奠基性研究。西

资本主义的冬天
经济危机和资本主义的失败

蒙·德·西斯蒙第是经济周期理论的开创者。1819年，他在自己的《政治经济新原则》中写道："在过去几年中，欧洲所发生的经济危机"使得他在心里开始质疑亚当·斯密的理论，让他质疑亚当·斯密的，还有"我在意大利、瑞士和法国所亲眼见到的，那些工厂工人们的残酷遭遇，还有公众关于英格兰、德国和比利时劳工悲惨遭遇的叙述"。[10]

而写《政治经济新原则》就是为了回应自己心中对亚当·斯密的质疑。西斯蒙第之后，还有许多其他的理论家就这一问题提出各种解释：一、大规模市场经济的无计划性；二、消费者的收入少于生产出来的商品的价值；三、对于生产环节投资过剩，产量超出了市场能够消化的范围，这一点和第二点有一定关联性；四、收入分布的不平均。

几乎与此同时，托马斯·马尔萨斯将上述这些概念进一步发扬光大。这个人并不同意李嘉图一贯所秉持的观点，即经济系统或许会发生暂时性的失衡，但整体爆发危机是不可能的。这些想法，就是现在许多经济理论的先驱："比例失调""消费不足""生产过剩"，这些都被认为可能是造成经济危机的元凶。而这些"元凶"的背后，我们都能看到一个更深层次的因素：在市场经济中，在作出投资决策时（包括在哪儿投资，投资生产什么，投资多少等），决策者还不清楚，特定商品在市场上究竟有多大的需求，以及消费者到底能够承受怎样的价格。很明显，经济活动的周期性波动与上述因素可能是相关的，因为在复杂的市场经济体系里，各部分彼此协调需要时间。资本主义还有一个基本特质——所有的企业从事生产都是为了利润，这就意味着生产商品的总体货币价值，要大于企业支付的工资总额——这也表明了生产和最终消费之间必然存在的不平衡。然而，由于上述两大特质都是资本主义社会一直具有的，因此我们也很难知道，它们如何能够圆满地解释经济荣枯的变化；有时候也很难知道，它们如何告诉人们，经济体系正在崩溃的真正原因。

资本主义的冬天
　　经济危机和资本主义的失败

　　卡尔·马克思是研究经济周期问题的学者中,最重要、也是最离经叛道的一位。1867年,卡尔·马克思出版了单卷本的著作《资本论》(《资本论》其他的几卷是在马克思死后才由别人编辑出版的)。在其中,他把几千页的篇幅分配给了"政治经济批判",其核心主旨就是探讨经济危机的本质和原因,以及危机与繁荣之间的关系。马克思坚定地认为,资本主义的基础属性导致其天生就会滑向危机,反复发生的经济萧条就是明证,而且这也将最终导致整个体制的崩溃。然而,马克思的研究方法与经济学主流理论存在根本上的不同,其他人(包括很多自称为马克思主义者的人)很难对他的理论感兴趣,甚至难以理解他的理念,更别提发现这些理论的用处了。

　　1867年,又有人试图对经济周期进行解释了。英国经济学家约翰·米尔斯在一篇文章中指出,导致经济周期的原因,在于投资者情感状态的变化,他们的情绪在乐观和悲观之间剧烈地来回摇摆。这种观点其实由来已久,并且有许多不同的表现形式(比如朱格拉就强调,在经济繁荣时期,投资者往往过度乐观)。而这种理论最近又复活了,乔治·阿克洛夫和罗伯特·席勒2009年出版了新书《动物精神》。[11] 这本书被普遍认为是对经济学理论的全新贡献。还有一些学者认为,导致经济周期现象的原因在于天气,威廉·斯坦利·杰弗逊在1875年出版的书中就拼命地想要证明,经济周期与太阳黑子爆发的周期有关联。他觉得太阳黑子周期会影响农业收成,从而对经济大势产生影响。

以上这些例子表明,在经济学领域中,有一种比较普遍的观点认为,导致经济萧条的原因并不在经济系统本身的范围内。而当代的经济周期理论也是以此为基础的,认为经济周期性波动的根源在于外部的冲击,尤其是政府的错误政策。

克里斯蒂娜·罗默是前总统奥巴马经济顾问委员会的首席顾问,她就写道:

资本主义的冬天
　　经济危机和资本主义的失败

　　　　完全没有理由认为,经济周期是必然发生的。经济学家中一种比较普遍的观点认为,存在某种程度的经济活动,即所谓的"充分就业"状态(所有人都参与了生产过程)。在这种情况下,经济运行可以永久地维持下去……如果没有什么东西打扰经济的正常运行,经济生产的"充分就业"状态可以永久地维持下去。因为人口会增长,新技术会被发明出来,这些会自然地导致"充分就业"状态……然而,总有一些干扰性因素导致经济周期……使得经济围绕着"充分就业"状态上下波动。

克里斯蒂娜·罗默所谓的"干扰因素"是指一些非经济因素,比如政府支出的大幅度涨跌,以及消费者和公司或乐观或悲观的情绪。[12]

然而早前,戈特弗里德·冯·哈伯勒于1937年调研了

第二章 沉浮

经济周期理论，以及国际联盟的历史。他的结论是，无法把经济危机归咎于那些"外部因素"，包括气候条件导致的农业歉收、大规模罢工、资方主动停工、地震、国际贸易渠道的突然阻塞等等。他发现这很"神秘"：经济系统总是持续地、本能地趋向于平衡。他和罗默教授一样，认为这是资本主义的一个特征——哈伯勒认为所谓"萧条"就是"生产、真实收入和就业率长期、大幅度的下跌。这种下跌只能用经济系统本身运作方面的因素来解释，比如有效需求不足以及成本、价格之间的利润空间不足。"[13]

这两个因素明显是相关的，因为在一个有限市场内，价格总是要承受向下的压力，能够售出的商品的价格总是有上限的，而它们的成本则是在更早时候就确定了的。

部分学者追随朱格拉的脚步，研究统计材料中的数据。这方面德国历史学派托斯丹·凡勃伦的现有制度优越论，还有凡勃伦在美国的追随者在研究中存在偏差，都在一定程度上影响了上述学者的研究。上述这些人强调社会历史现实，认为这是理解经济的基础，他们的观点也因此与新古典经济学的主流观点形成反差，后者通过高度的数学化抽象来研究经济。这方面比较重要的工作是由社会批判学者完成的，比如俄罗斯的米歇尔·冯·图干·巴拉诺夫斯基[14]，而最重要的长期研究计划是由卫斯理·米切尔发起的，他是凡勃伦的美国学生，当时他发起的研究计划得到了国家经济研究局的支持，这个机构成立于1920年。这项以实践调查为基础的研究工作取得了卓越的进展，使得人们进一步理解了经济周期。

比如，这一研究计划使得人们明白，经济周期的概念，其实是将一系列复杂过程在理论层面统一构建起来。他在自己的书卷中，将自己对于经济周期的统计学调查结果呈现了出来，并且指出"我们还没有统计学证据能够证明，经济周期是一个整体。我们所拥有的资料告诉我们的是，一些特定领域的过程中存在波动……"这样的话，经济周期"就呈现为一组互相关联的东西,在多个领域的演变过程中出现形式各异的波动"。[15] 所谓的"经济周期"其实是"通过想象人为制造出来的"。[16] 不过,人们在建构其他学科时,也是这样的状态。这并不是说"经济周期"的概念完全是臆造的,而是说从统计学的性质上说,"经济周期"这个概念其实是互相关联的、多个领域变动过程的总和,这些领域的变动过程制造了经济荣枯的更替,在某些时候表现为经济减缓、失业率居高不下以及金融危机,而在另一些时候则表现为投资繁荣、贸易增加、就业率提升以及金融活跃度增加。

周期与利润

大量的因素综合起来导致了经济周期,这也使得对于经济周期这一现象的解释出现了多样化的趋势,各种解释之间

资本主义的冬天
　　经济危机和资本主义的失败

互相竞争，但每一种解释其实都是将一个因素作为经济周期的主要因素。米歇尔卓越的贡献之一，就是他重点强调了一个事实：能够将上述各领域中的演化过程连接起来的，是某种实践活动，正是这种实践活动使得现代社会的生产体系有了一个统一的历史。这种实践活动就是——为了获取金钱而进行商品的买卖。企业从其他企业购买商品，从劳动者那里购买劳动力，而劳动者则从企业购买商品。这种交换所呈现的形式，是企业之间、个人与银行（或其他金融机构）之间的货币流动。而经济危机的核心，就是上述货币流动的崩溃，账单无法得到兑付，投资、工资以及购买力都被削减。而经济重新繁荣的核心，则是经济领域内货币流动的扩张，新的投资出现，失业工人重新被雇佣。米歇尔认为，"这也是为什么，只有当货币的使用达到一个非常高的水平，这个国家的经济变迁才会呈现经济周期的特征。"[17]

　　那又是什么导致货币对于现代社会如此关键？答案是大

部分商品和服务都是由企业生产的,而企业全身心投入商业活动的目的,就是试图赚钱。这也是商业的真谛:以钱生钱。通过商业活动所获取到的更多的钱,就是"利润"。根据米歇尔对于一个普遍性概念的定义,"企业为了从事生产,必须购买很多东西,它为此必须有所支出;同时,企业必须将生产出来的东西拿到市场上去卖,以获得收入。所有的支出和所有的收入之间的差额,就是利润。"企业维持繁荣就必须持续盈利,这就意味着"获取利润必然是企业管理的刚性目标",向哪里投资,生产什么商品,这些问题的决策都会被获取利润的需求所左右。

这样一来,就如同米歇尔所说的那样:"在商业领域中,企业生产出有用的商品并不是其终极目的,终极目的在于赚取利润。"[18] 一家企业如果不盈利的话,将迅速被淘汰;不产生利润的商品会被停止生产。因此,最普遍的规律就是,"在一个赚钱至上的世界中,能够影响当前利润或未来利润

资本主义的冬天
经济危机和资本主义的失败

的因素，才是经济活动的决定性因素。"[19]

投资决策并非仅仅是根据经济理论所作出的一堆预期，还要看真实的投资能力。因为能够用来投资的钱，要么是从已经存在的利润中拿出来的，要么是从未来的利润中预支的。在后一种情况下，一旦到了偿还贷款的时间，所谓"未来的利润"就到了必须兑现的时候了。这样，整个经济运作才能继续下去。在某些时候，整个经济体系里的所有企业都做得比较好，平均起来能够赚取更多的利润。而在另一些时候，情况就不那么尽如人意了。当平均利润处于高位时，社会就会在经济景气中歌舞升平，当平均利润下跌时，就有可能发生经济萧条。上述这些情况都是明摆着的，令人吃惊的是，大部分经济学家却无法抓住这个过程运转的机制。米歇尔集中注意力，以实践调查为基础研究经济领域。同时，他认为资本主义作为一个系统，其生产行为的核心在于货币利润，这使得他通过研究得到了和凡勃伦一样的结论：经济萧条是因为"价格和成本之间的利润空间消失",也就是说赚取利润的能力不足。相反,如果利润空间足够大,就会出现经济繁荣。

经济状态的决定性因素在于企业赚取利润的能力,令人吃惊的是,在目前的经济学著作中,居然鲜有人讨论这一点,就好像大家都拒绝去讨论早期发生的经济萧条一样。只有一些"左翼"的局外人注意到了这一点。之所以会出现这种情况,很可能是因为宏观经济理论(将经济作为一个整体进行理论研究)中,"国民收入"的概念居于核心地位。

比如,"增长"的概念在现代经济学著述中就处于核心地位,这个概念在各种著述中,就是"国民收入"的"增长",而"国民收入"的定义有三:一、指的是一个国家在某个特定年份里,所生产出来的所有商品和服务的市场价值总和(GDP);二、指的是一个国家在某个特定年份里,所生产出来的所有商品和服务,被售卖后所获取的总收入;

三、用于购买上述商品和服务的货币总额（这三个货币总额应当是相等的）。[20] 在国民收入中，企业的利润只是构成部分之一，而不是整体经济情况的主要决定性因素。如果一个社会的生产和消费由商业主导，那么这个社会也将被赚取利润的欲望所主宰，那么我们就会看到，在这个体系里，企业赚取利润是一个主动的因素，而整个经济的"增长—扩张"只是随之而被动发生的事情。然而，如果通过"国民收入"的视角来看待问题，我们就会聚焦于利润产生能力的变化所导致的收入（商品价值）的总体变化。这样一来，消费者的开支以及针对生产环节的投资对于经济增长来说，就只是一个单独的贡献因素了。

在这方面，现代理论仍然追随凯恩斯所创建的学说。这并不令人吃惊，因为是凯恩斯在现代重新发明了宏观经济学，[21] 而当代的损益表系统又使得国家能够按照凯恩斯的思路制定政策。凯恩斯试图构建资本主义的理论，他在《通论》的一开始就讨论利润，将之与"企业家收入"画等号，并认为，商人在决定提供多少就业机会时，其着眼点必定是将自己的"企业家收入"，也就是利润最大化。不过，凯恩斯的理论重点不仅仅在此：企业家给出就业机会，则社会总收入也会相应增加——包括利润和生产要素成本（比如生产工具和劳动力的价格）[22]，这才是他关注的重点。他这么做的目的，是为了引出他的核心关注点：投资水平、就业水平与消费、储蓄之间的关系。这里的消费和储蓄是作为"社会总体真实收入"的一小部分存在的。[23]

这样一来，就如同米罗夫基所指出的那样，"国民收入这个概念就从资本这个概念里被有效地剥离出来，使得人们在进行分析时，能够将收入增长的速度与资本利润的增减速分开"[24]（在凯恩斯的术语中，上述"资本利润的增速"就是"资本的边际效益"，这也是现在投资以及国民收入的决定性因素）。之所以如此的原因是：凯恩斯固然没有接受

资本主义的冬天
  经济危机和资本主义的失败

新古典经济学家的教条，后者认为经济危机是不可能发生的，但他和新古典经济学家仍然有共同之处：根据他们的基本理念，经济基本上是一个分配资源以满足消费需求的庞大体系。根据这一假设，市场将社会产品的一部分分配给企业家作为利润，只是激励他们投资的一种手段，企业家进行投资才符合整个社会的利益。凯恩斯分析道，如果利润水平不足，则应当通过其他方式来增加就业，提升消费，尤其是政府，应当扩大赤字进行支出，这样就能使得经济繁荣起来，增长再度来临。

有趣的是，米罗夫基还指出，凯恩斯能使用"国民收入"这个概念，得感谢W.C.米歇尔在国家经济研究局（NBER）所做的工作，后者曾经在其第一份研究报告中，通过统计学估计过美国的"国民收入"。事实上，米歇尔在其1927年所做的，关于经济周期的研究中，就已经不再强调利润是经济周期的关键，他认为利润是"一种收入"，而且是

"最多变的一种"。他认为，经济周期的关键在于货币在整个经济体系中的复杂流动，这使得利润"臣服于大量无法变动的因素所导致的扰动"。[25] 米歇尔认为利润是决定资本家活跃度的主导因素，但他依然无法解释利润的大小为何如此难以捉摸。

最后他只能说"用市场—价格关系对于经济活动进行指导，还存在缺陷。此外这项任务本身也存在令人迷惑的复杂性，这些都使得经济生活的各个过程坠入现在的无序之中，表现为经济危机和经济萧条"。[26]

当今有关经济周期的理论里，普遍缺乏对利润的关注，但有一个明显的反例——海曼·明斯基和米歇尔一样，认为"企业债务确认"使得企业家能够持续性地融资，经济活动能够一直开展下去。同时，"企业债务确认"有一个前提，即"价格和产量需要处于这样一种状态：几乎所有的公司所赚到的钱，要多于劳动和生产资料成本，而且这个差额要

资本主义的冬天
经济危机和资本主义的失败

足够大"——这个"差额"就是"利润"的另外一种表达方式——"大到要么能够支付债务,要么能够进行新的融资"。这样,在明斯基的眼中,利润是由投资规模所决定的,投资规模能够决定对于产品的需求大小,使得产品价格与成本之间的差额足够高(投资规模的这种功能只是一种假设,明斯基并没有做出解释)。明斯基和凯恩斯一样,认为"对于未来投资过程的预期,往往是主观的。此外,行业不同,资本资产的类型不同,相应的、合理的负债结构也会有所不同,银行家及其商业顾客须决定各自的负债结构,但问题是这种决定也是主观的"。[27] 一方面,我们可以说利润率决定了投资者的预期;可是另一方面,我们也可以说企业家和银行家的预期决定了利润率。

最近对于美国经济的研究证实了米歇尔的直觉:要解释经济波动,核心在于利润。一些政治上并不激进的经济学家对美国进行了一次重要的统计学调查,调查得出结论:"利润的影响……决定了投资动向"。²⁸ 而且由于投资决定了有多少钱能够被用来雇佣工人（也决定了工人们能够花多少钱购买商品）、用来购买原材料以及工厂设备。也就是说，投资是增长还是下跌，决定了整体经济是上升还是下滑。

最近的一项研究也表明，以上论述也解释了为什么在三次经济衰退中，每一次企业利润总会提前几个季度出现停滞，甚至下跌。这三次经济衰退分别出现在1990年，2001年和2007年。让我们回溯19世纪最后几个十年里的利润数据，当我们搜集到这些数据时，就发现它们和美国经济在此之后经历的每一次衰退时的利润数据，存在某些相似性。

这样我们就回到了以下最基本的问题：为什么在经济扩张时，利润会下跌？为什么在经济萧条时，利润会上升？如果利润是成本和售价之间的差额，且两者都是以货币作为衡量尺度，那么是什么因素决定了这个差额的大小？既然各种商品服务货币价格之间的关系，似乎决定了这些商品服务

资本主义的冬天
　　经济危机和资本主义的失败

的产量和消费量的变化，那么又是什么在左右这些关系？由这些问题导出了一个最根本的问题：在现代经济中，什么是货币？为什么企业的成败最终要靠货币上的收益或损失来决定？这些问题即便是历史型的经济学家，比如米歇尔都没有想到去问，因为在他看来，以下现象根本是理所当然的：货币已经成为协调社会生产和分配活动的工具。他们是资本主义社会的原住民，让他们问出上面这个问题，就好像让古埃及人问为什么地狱判官会掌控尼罗河的潮涨潮落，为什么丰收还是歉收也是他说了算。回答这些问题，也需要在见识层面与我们社会的常规思维拉开足够的距离，从每天的经济思维中跳出去，从经济学家精心打磨的理论解释中跳出去，从历史角度将货币（还有利润）设想为特定的社会机构，对于我们的生活方式产生了特定的影响。

第三章

货币、利润与周期

经济萧条的开始,可能是一次股灾,就好像1929年那样;也可能是一次银行业危机,就比如2007年那样;而美国1837年的那次经济萧条,起源于一次房地产泡沫的破灭。

第三章 货币、利润与周期

到底什么是货币？维基百科的词条提供了有关这个问题的、足够标准的答案："货币是指任何被广泛接受，可用来支付购买商品、服务，并可用来偿还债务的东西。"当然，问题在于"支付"的意思是"付出货币，交换到某些东西"。[1] 毫无疑问，大多数人没有注意到，上述定义绕了一圈，又回到了原点，因为就像米歇尔所强调的那样：在一个现代经济体中，"大多数经济行为无非就是赚钱和花钱"。

我们已经习惯于事情的这种状态，以至于我们很少注意到其在历史上的特定性，忘记了在过去，甚至在不远的过去，在世界上的许多地方，大多数人几乎不赚钱，也不使

资本主义的冬天
　　经济危机和资本主义的失败

用货币，因为在他们所需要的食物、衣服和其他生活必需品中，许多，甚至是大部分，是他们自己生产的。所以我们还是应当记住这一点：多个类型的社会里都会出现货币，但只有在资本主义社会里，货币才在商品、服务的生产以及分配过程中扮演核心的角色，只有在资本主义社会里，我们日常所用的所有物品、服务都需要用货币购买。在这种社会体制下的货币，与更早前几个社会体制下的货币相比，有着完全不一样的重要性。

1776年，亚当·斯密就在著述中写道，资本主义作为一种体系，各个生产领域都复杂地彼此关联，每个人为了自己的生存，都必须依靠数量庞大的其他人：

> 在一个文明、繁荣的国度里，如果你观察最普通的工匠或劳动者的日常生活，你会发现参与生产此人日常生活用品的人，其数量是算不过来的，尽管这些

人所在的行业只是全社会行业中的一小部分。比如工人所穿的毛呢外套,看上去很粗糙,却是大量工人劳动生产的结晶。牧羊人、羊毛剪选工、羊毛梳理工、染工、梳毛工、纺纱工、织工、漂洗工、设计师,还有许多人都会参与到各道工艺中……而染工所需要的各种染料往往是从全球最遥远的各个角落被运来的,那么有多少船只建造者、水手、风帆建造工、绳索建造工会参与这一过程?[2]

在一个社会中,如果大多数生产性企业是依据商业逻辑组织起来的,那么该社会系统里正常的运转,就是互相依存的人们依赖钱货交易生存着。这是因为:那些出于商业目的生产商品的人,与那些最终消费这些商品或服务的人之间,并没有直接的关系,哪怕生产这些商品的最终目的,是满足后者的需求。那些在面包店和汽车厂里工作的人,并不认识

资本主义的冬天
经济危机和资本主义的失败

那些吃面包和买车的人，也不会清楚这些消费者要吃多少面包，要买多少车，更不清楚他们手上的钱能不能买得起那么多面包和汽车。而这些工人们的雇主也不清楚。每家企业要想知道其产品在多大程度上满足了消费者的需求，只有一种方式：就是他们的产品在出售获利时，能够成功地标出多高的价格。这里面的原因在于：资本主义企业的生产，只是为了满足那些掏得起钱买东西的人，只有当这些资本家或公司购买生产资料和劳动力时，它们的财产才会与社会的其他部分发生联系。

在讨论所有各类型的社会时，我们都能抽象地讨论"社会生产活动"，因为在各种社会系统里，必须有人去把各种自然资源变成可以被人类消费的形态。在所有社会里，生产活动必须在不同的工种间进行分配，以生产特定的东西和服务，满足社会所需。在资本主义社会里，大多数生产活动是由企业执行的，则上述这种分配的原则，在于去发现什么商品能够被卖掉,而不是某些社会性的活动。这样,在资本主义社会中,"生产活动"这个抽象的概念就不单单是一个描述性的词汇,并且还通过货币,获得了实际的外形:一个成功的商品,就必须赚取足量的货币,只有这样生产这种商品的劳动才是社会劳动的一部分。构成经济体系的是企业与个人之间的彼此关系,还有这些企业和个人的生产能力,而这些关系以及能力,都是在使用货币的过程中构建出来的。用货币来交换商品,使得商品与商品之间也实现了互相交换,抹平了生产这些商品所必需的、各种工作之间的差异。烤面包的劳动与组装汽车的劳动都平等地通过货币数量来表达,人们会为它们各自的产品买单。在这种社会系统下,一种商品或者服务必须能卖出一定数量的货币,或者被认为等同于一定数量的货币(也就是价格),才被算获得了经济价值,也就是真正地被消费。这样,制造这种商品的努力,才被认为是对经济生活的贡献。由此,货币也标识了生产商品或服

资本主义的冬天
经济危机和资本主义的失败

务时,所付出的工作努力的社会属性。

在现代社会,基本原则之一就是强调个人财产权(即便大多数人也没多少财产),货币的社会属性还体现了一个人能够占有多少他人的社会活动,其形式可以是一些金属,一些纸质的标志物或者电子脉冲。企业主和其他人一样,要想获得商品就必须出钱,就好像斯密所说的那样:"我们不能指望屠夫、酿造师和烘焙师会出于仁慈之心而为我们提供晚餐,但我们可以指望他们为了自己的利益而生产食物。"[3]

一家企业出售特定的产品,这种行为之所以符合这家企业的利益,只是因为通过这种手段,企业能够获得以货币形态存在的财产,这些货币可以买到任何东西。这样,货币作为一种成功的社会生产标识物,其使用不仅仅能够方便商品和服务的生产、分配和消费,货币本身也成为企业活动的首要目的。

凡勃伦在他的《商业企业理论》中解释道:

在商业圈里，压倒性的问题就是盈利还是亏损。盈亏其实是账目里的问题，而账目是以货币单位的形式保留下来的，而不是以工人们的生计，也不是以商品的可用性，更不是以工商业车间里机械化的效率来表达……商人判断事物的出发点就是其拥有的财产，而财产也是以货币的形式在运转。[4]

老板们将其资本从一个商业领域转移到另一个商业领域，并不是因为相对于种大豆和畜牧，他们更喜欢造汽车，而是因为他们要赚钱。

我们这个社会系统的核心就是货币，这是因为以前从未有过这样的社会系统：从事大部分生产活动的目的是为了工资，为了换到钱。当然也有极个别的例外，在这些例外中，人们从事生产活动是为了满足自身的需求，比如烧饭做菜，比如刷牙或其他习惯。而在过去，情况正好相反：大部分人

资本主义的冬天
　　经济危机和资本主义的失败

　　没有获得土地的途径，也得不到工具以及原材料，或者没有足够的钱去买这些东西，因此他们无法生产商品——包括他们所需要的房屋、衣服、食物；他们不得不为那些有钱的人工作，从而获得上述商品，并且获得生产资料和工具。

　　雇主们因此给雇工们支付的货币，当雇工们购买他们自己（作为一个阶级）生产的商品时，就会回流到雇主手上。同时，雇主们也会互相间买卖商品，包括原材料、机器和消费性商品等。

　　用产品去换取货币，正是这种交换关系，使得制造这些产品的各种工作，能够成为一个互相联系的体系里的一部分，这种实践活动提供了一种主要的方式，使得构成整个经济体的、巨量的过程之间，能够进行调整，也使得社会总生产力能够在各种生产任务之间分配，从而使得符合需求的产品在任何时候都能被生产出来。比如，技术含量更高的工作，就被认为比技术含量更低的工作更有生产力，因为前者在单位时间内所生产的产品，比后者价格更高。此外，更普遍的是，市场价格之间的对比关系提供了一种方法，来衡量各种劳动过程之间的对比关系（尽管这种衡量永远是变化中的，并且在任何情况下都只是一个不太精确的衡量方式）。它还提供了一种手段，衡量在生产一种商品的过程中，前期工序里的工作，对当前的生产有多大贡献，比如原材料、厂房和工具的价格。当商品被售出时，为其支付的价格标志着，针对这样商品的社会需求，在多大程度上值得企业去为生产它们投入资源。如果这种价格产生了利润，那么它们会被继续生产；否则，它们的生产就会终止。最极端的情况下，如果商品无法出售，生产商品的工作会被终止不说，连先期工序中生产原材料和机器的工作也会终止。在这种情况下，从商业的角度来讲，生产该商品的所有工作连保本都没做到，遑论获得利润。[5]

资本主义的冬天
经济危机和资本主义的失败

利润

利润是商品或服务售价的一部分,它是经济机制中关键的一部分,因为个人也好,企业的拥有者也好,之所以冒着千难万险去组织商品或服务的生产、分配,为的就是赚钱。(当然,这种常规看法在很大程度上是正确的,但它忽略了一点:正如同米歇尔所说,上述整个过程的目的是赚钱,而不是生产商品)这些个人或者企业主需要货币来满足自身的消费需求,也需要货币满足企业自身的需求。企业扩张需要货币投资,而在竞争的环境中,不扩张的企业会在短时间内消失。没人会继续在一个不赚钱的行业里待着,因此一个产品能否赚钱,决定了它能否被生产出来,甚至决定了是否会有钱用来投资生产它——能赚钱,意味着能够拥有的社会生产活动的量的增加。让我们再用凡勃伦的话来讲,在一个持续的生产过程中,"进行投资就是为了利润,工厂和工业生产过程之所以能资本化(能够用特定数量的货币来表达),基础就是它们的利润产生能力"。[6]

正是为了赚钱,雇主才会买其他雇主的设备和原材料,并从雇工那里买来劳动力,同时他们所生产的产品,只要不是用来更替,或者扩充生产设备的,其中的一部分会被雇主买来作为自己的消费品,这些消费品通常很贵。(这样一来,利润的一部分就体现为支付给投资者的利息,和支付给经理人的薪水)。资本家在整个生产过程中,都对利润充满了渴望,而利润是以货币形式表现的劳动,这种劳动要超过繁殖雇工阶级所需要的劳动(以工资形式支付),还要包括制造那些生产所需的货物所耗费的劳动。作为售价的一部分,利润很有迷惑性,它看上去是特定企业的活动所产生的,因为它是单个企业所占有的,这些企业互相竞争,都力图获得更多的利润。

资本主义的冬天
　　经济危机和资本主义的失败

　　事实上，只有生产出来的货物被换成钱后，利润才会实实在在地出现。在这一过程中，这些货物各自的特殊性消失了，只剩下作为社会总体产品一部分的特性。利润是社会总体生产力的一部分，只不过用货币抽象地代表了。当生产所耗费的商品和劳动通过货币得到恢复时，剩下的那部分资金就是利润，因此产生利润的是社会制度，尽管保留利润的是单个的企业。

　　单个的企业产生利润是一种假象，而企业主也接受了这种假象，与此同时，利润是生产活动社会性最重要的实践表现方式，这一点也使得利润能够歪曲社会现实。只有能够获得利润的商品才会被生产，那么某样东西的价格反映的是人们愿意出的钱，而不是这样东西在生产体系中的真正位置。结果，单种商品的价格与生产它们所需要的时间相比，可能被高估也可能被低估，而货币的作用是被交易的总额所决定的，这意味着有其他商品的价格相应被低估或者被高估。[7] 一些资本家（商人和其他中间人）专门从事售卖他人生产的商品和服务；他们因此宣称，生产商的一部分利润是以其他方式保留的。相应地，似乎售卖本身也产生利润。通过换成货币，类似土地和石油这样的自然资源也和人造物一样，用相应价值的货币来表达。如果使用别人的钱，还得支付利息，也就是还更多的钱。由此货币本身似乎也有价格。

与此类似，一些货币的代表物，比如借条，包括类似银行券、股票和公司债券甚至债务担保证券这样的借条，也可以买卖，就好像它们是真正的大宗商品一样。因为这些借条赋予其主人获得金钱收入的权利，因此它们就好像是可以售卖的产品一样。于是，资本家的部分利润被转移给了自然资源的拥有者（作为租金）和货币的拥有者（作为利息），而这些"拥有者"赚取这部分利润似乎是理所应当的。[8]因此，任何形式的投资都要求分享利润，似乎投资就好像真正的商品生产一样，是一种"产业"，而这些投资的盈利，表现为

资本主义的冬天
　　经济危机和资本主义的失败

诸如房地产行业和金融行业等"行业"的利润。（我们后面还会看到，税收也是利润难以识别的一部分。）

利润的社会系统属性可以在下列事实中看出：资本投资的盈利能力随着时间会有所变化，商人的意志无法左右这一点，连商人自己也要像其他人一样，适应价格变动并相应地判断自己做得够不够好。（正是由于这一点，人们开始认为，"经济"是一系列人所无法左右的力量，就好像自然法则一样。）[9] 围绕利润所展开的竞争，迫使商人对于类似的产品，给出类似的售价；他们自己也必须购买商品（劳动和生产资料），这些东西的成本在单一时间内是固定的，因此，他们降低价格的竞争力强弱，取决于其所使用的生产技术高低。如果在特定产业里，有公司能够通过垄断或半垄断的方式限制竞争，那么这些公司能够赚取到超额利润，但这也意味着在其他行业里，有些公司的利润会降低。因此经济体系的社会属性，意味着这个体系会向企业施压，迫使其寻求成本更低的原材料，以及其他生产要素，同时，也迫使企业提高劳动生产力。正是通过这种方式，经济体系本身会让单个企业去寻求更高的利润。

趋势与周期

在资本主义社会中，生产是基于付费劳动，并且通过把商品换成货币的交易过程组织起来的。资本主义社会的天性，导致在历史上整个社会存在一种冲动：生产等量的产品，所使用的劳动力越少越好（当然，如果整个体系在扩张，那还是要增加雇佣工人的）。通过降低单位产量的成本，上述这种方式增加了盈利能力。对于雇主们来说，为了提升劳动生产效率，他们首先做的是把工人都塞进大车间里。在车间里，工人们的工作任务被拆分得越来越细。这种

资本主义的冬天
经济危机和资本主义的失败

做法在提升盈利能力的同时，也导致车间内机器取代工人，最终诞生了现代的组装流水线，这种流水线的速度迫使劳动力更加密集。到了20世纪末，大多数生产变成了机械化大规模生产，需要的机器越来越多，需要的劳动力却越来越少。在美国，如果把这个国家超长期的统计数据拿出来看一下的话，社会总体所使用的机器设备的货币价值，平均到每个人头上，这个数字从1830年的281美元，上升到1992年的39636美元。同时，平均每个人的非住宅建筑投资从3503美元，上升到72625美元（依据1990年国际美元）。美国、德国、荷兰、英国和日本的相关数据也类似（只有日本的投资率到1992年才达到美国的水平）[10]。当然，机械化程度的增加提升了劳动生产力，同时要购买使用更多的原材料，这方面每个人的平均支出也在增加，因为需要生产的产品增加了。

这种转变对于资本盈利能力有着明显的影响。就如同我们所看到的那样，在所有社会生产企业里，一部分工作量是用来抵消原材料、工具和工人自身的成本的,超出这部分的劳动,用货币表达出来,就是利润。

如果企业的投资分配给机器和原材料的部分,一直多于给劳动力的部分,而且差额越来越大,那么投资给工人工作的金额,就会下降。这种下降是相对于总投资额而言的。由此可见,盈利能力本身就具有下跌的趋势(这种趋势会被劳动成本的下降以及机器、原材料的价格下跌所抵消),马克思将这种趋势称为"现代政治经济学中最重要的规律"。[11] 在马克思对于利润下降趋势作出解释之前的19世纪,就有经济学家做出了良好的假设,这也让马克思去分析萧条与繁荣的周期,从而能够解释以下三个事物之间的关系:经济周期,盈利能力的变化还有货币在现代经济体中的核心作用。这一系列关系是米歇尔还有其他一些学者也在观察着的。

马克思认为,资本主义倾向于机械化生产,其经济增长也会导致越来越多的钱被投入扩张生产,这样也会使得单

资本主义的冬天
经济危机和资本主义的失败

个企业具有扩张规模的天然冲动。这个论断已经被所有观察者证实是正确的。上述这种情况的逻辑后果之一就是：如果资本的盈利能力下跌，并且到了一定的程度，则可以获得的利润就不足以支撑整个经济体系做进一步的扩张，尽管个别企业能够继续成长，但投资减缓或停滞意味着产品市场的萎缩。雇主们既不能投资购买厂房、机器和原材料，也不能向员工支付工资，而员工也没有钱去消费商品。对于工人来说，投资减缓意味着失业率上升；对于商人来说，投资减缓意味着市场收缩（在凯恩斯主义经济学家看来，市场收缩是需求不足导致的）。这是一个恶性循环——需求萎缩导致企业破产，更高的失业率导致了进一步的需求萎缩。

同时，商人和其他借贷者偿债的能力越来越差，银行和其他中介机构发行的各种各样的借条变得越来越没有价值，于是金融危机爆发，股票价格的下跌其实反映了商业企业的价值下降。个人与机构纷纷囤积货币，而不是把货币用于投资。很快，资本主义就陷入了萧条。

但在一个资本主义经济体中，对于个人不利的事情，可能对整个体系是有利的。随着企业一家家地破产，各类产品都卖不出去，剩下的公司就能够通过议价购买便宜的厂房、机器和原材料了，因为地价下跌了。通过这种方式，早先生产的商品所能够代表的货币量，就被调整到了一个更低的水平。同时，市场压力也会迫使厂家设计新的、更高效的、更便宜的机器。这样一来，资本投资的成本就降低了。与此同时，失业率居高不下又会使得工资下降。而资本家雇佣的工人会更努力地用新设备生产，由此劳动者的效率更高，资本家的成本更低。结果，利润率重新恢复，新一轮的投资又有可能开始，商品的市场也会扩张，用来投入生产的商品和用来消费的商品都一样。也就是说，经济萧条是利润不足的一剂药，它使得下一个阶段的经济繁荣成为可能，即便接下来的经济繁荣会产生一些条件，使得下一个经济萧条发生。

资本主义的冬天
  经济危机和资本主义的失败

当然,以上只是高度抽象的、概括性的形势发展途径,在每一个具体案例中,都有独特的侧面,一些特定的历史现象也可能使情况更加复杂。经济萧条的开始,可能是一次股灾,就好像1929年那样;也可能是一次银行业危机,就比如2007年那样;而美国1837年的那次经济萧条,起源于一次房地产泡沫的破灭。上一次大萧条导致了一次世界大战,而这次战争用前所未有的方式影响了这次危机的历史。

但在所有上述案例中,都存在这样一个逻辑循环:雇佣劳动相对于整体资本投资的下降——盈利能力的下降——经济增长的减缓甚至终止——盈利能力上升——一个新的经济繁荣。虽然很概括,但上面所描绘的图景的确让我们了解了经济荣枯的模式,尤其是经济周期与商业利润涨跌之间的关系,而这也贯穿了资本主义的历史。

这也能帮助我们理解,在第二次世界大战后的岁月里,上述模式发生了怎样的变化。经济危机的概念现在如此深入

第三章 货币、利润与周期

人心，20世纪30年代的大危机又如此严重，其终极政治社会影响又如此可怕，以至于战争结束后，对于新一次萧条的恐惧，逐步取代了一种希望：凯恩斯的那一套方法能够控制住经济周期。希望落空了，而对于再一次发生大萧条的恐惧也没有成真：一方面经济危机的阴影并未完全消散；另一方面，尽管有好几次衰退、债务危机、股灾和其他经济灾难，但19世纪到20世纪30年代那样的经济危机和经济萧条没有再发生过，至少到目前为止是这样。要理解资本主义在战后发生了怎样的变化，以及这种变化在当今的形势下所产生的后果，我们必须重温上一个60年的历史。

第四章

黄金时代之后

一位美国经济历史学家认为,黄金时代跨度超级漫长,"它经历了一系列温和的衰退,而不是在几年后就消失殆尽",之所以这样,部分原因是大萧条后,一直在采用当时被叫作"凯恩斯主义疗法"的措施。

第四章 黄金时代之后

第二次世界大战爆发后,美国重新回到了充分就业的状态,能出现这种情况,只是因为政府扩张财政赤字,将钱投给武器生产商,与私人企业经济的复苏无关。和平到来后,战争相关的工作量下降,几百万士兵复员,工业生产锐减,失业率上升。到了1946年,又一次经济反弹清晰可见。用来更替和使工厂现代化的资本支出,从1945年的70亿美元上升到1948年的200亿美元;商业建筑、工业建筑和住宅的投资也有显著上升。与此同时,美国成为全球最大的出口商,大量的商品和投资资本涌向国外,尤其是欧洲国家。[1]

与此同时,刚刚结束战争的欧洲仍然是一片废墟的状

资本主义的冬天
经济危机和资本主义的失败

态。然而，仅仅在几年间，欧洲经济就踏上了复苏的道路：1945年，"比利时、法国和荷兰的工业产量仅仅是战前的40%，德国和意大利的工业产量连战前的20%都不到"，2年后，除了西德以外，欧洲各国的工业产量恢复到了1938年的水平。在西德，占领军依然试图有限度地重启该地的工业。[2] 随着冷战的开始，美国人渴望打造一个"充满活力并且繁荣的欧洲经济，从而为对抗苏联矗立起一座堡垒"，[3] 马歇尔计划非常明显地、积极地援助德国，要使其重回欧洲经济中心的宝座。

"工业产能得到大规模投资，从而驱动"了整个欧洲的复苏，而这种投资优先给予重工业。同时，"工会活动家、'左翼'分子甚至坚忍的共产党都参与战后重建，认为这是与抵抗纳粹一样的国家事业"，工资和工作条件都维持在很低的水平。[4] 在日本，整个国家从物质上也好，从经济上也罢，都被战争严重摧毁，战后该国能实现复苏，美国人的援助起到了重要作用，尤其是在朝鲜战争爆发后。[5] 在这里，工资也不高，工业投资是实现生产快速增长的"经济奇迹"的关键因素。

这样看来，大萧条固然有其特点，尤其重要的是它开启了战争之路，但1945年后资本主义经济的复苏还是到来了。从大的轮廓上看，这也符合过去几次经济崩溃和重生的模式，这种模式在一个被货币利润所左右的社会中，是必然会出现的。大萧条持续时间长，并且在物质上和经济上所造成的破坏极其可怕。因此，我们也不必吃惊于这一点：这次大萧条的复苏所导致的经济繁荣持续时间特别长。就像安格斯·麦迪森所说："1950年到1973年堪称'黄金岁月'"，"世界经济的各个组成部分，GDP和人均GDP都以前所未有的速度增长，全球贸易快速增长，世界资本市场重启，国际（劳动力）移民也再度成为可能"。[6] 这并不是一个奇谈怪论：所有的评论家都把这段时间描绘为资本主义的超繁荣

资本主义的冬天
经济危机和资本主义的失败

时代。

一位美国经济历史学家认为，黄金时代跨度超级漫长，"它经历了一系列温和的衰退，而不是在几年后就消失殆尽"，[7]之所以这样，部分原因是大萧条后，一直在采用当时被叫作"凯恩斯主义疗法"的措施。如果说资本主义从根本上说还是同样的一个体系，政府所采取的经济措施已经有了变化。

一方面，大萧条导致大规模失业，百姓变得激进，由此导致了社会运动，产生政治上的危险，这对资本主义国家的统治精英而言是不可接受的，尤其当时他们还要与共产主义进行史诗级别的对峙。[8]另一方面，人们也在设想，凯恩斯主义疗法通过扩张赤字资助经济，这肯定能控制经济周期带来的破坏，使得经济危机变得温和，从而当增长再次自然地出现时，经济能够重新恢复。

麦迪森观察到，上述这种情况所导致的后果就是，"黄金时代的主要特征之一，就是政府支出在GDP里所占的比重猛烈上升：在经合组织国家，这个比重从1950年的27%，上升到1973年的37%"。[9] 在大多数国家，这主要是国家福利事务支出上升所导致的，包括公共安全、教育和医疗。而在美国，这种政府支出的增加，还因为战争，和为战争而准备的支出。经济学家菲利普·克莱因在写给美国企业研究所（保守派机构）的文章里说，从1961年到1969年，"美国经历了'历史上最长的和平时期扩张'。在这里，'和平时期'要重新定义，因为美国还在打越南战争，其防务支出从1965财政年度的500亿美元，上升到1968财政年度的800亿美元……"[10] 而美国人的这一轮扩张也为全球经济增长注入了动力，尤为显眼的是日本经济的复苏以及韩国经济的起飞，这两个国家的经济奇迹，都是在越南战争中所受到的刺激所致。

换句话说，大萧条从1929年持续到1945年，之后利润开

资本主义的冬天
经济危机和资本主义的失败

始恢复,即便在此之后,在一些社会决策者看来,资本主义经济本身(私人企业系统)也无法为人民创造一个足够安康的生活;在社会层面上,政治家们所需要的社会满意度还是无法达成。这样一来,如果有一个共和党政府上台,施行了反罗斯福新政的自由企业理念,于1953年朝鲜战争结束后削减了防务支出,而没有增加其他的内部支出,美国将经历一次剧烈的生产下滑,随之就是失业率飙升。

艾森豪威尔政府只能迅速采取措施,降低利率,增加政府支出,包括增加公共服务岗位以及直接上马军事工程,尽管这些做法其实违背他们的初衷。[11] 政治经济学家乔伊斯·科柯在1988年指出,事实上,在美国"1950年以后大约一半的新增工作岗位是由国家支出所创造的,在其他经合组织国家里,也有差不多的变化"。[12] 通过这种方式,战后政府向军事和民用领域的支出增加了对商品和服务的需求,从而创造了经济繁荣的条件,暂时打破了资本主义经济的限制。

根据凯恩斯的理念，政府在萧条时期借款从而让经济再度前进；当国民收入因此而扩张时，政府将进行适当的收税，以偿还债务。事实上，危机管理变成了持久的"国营—私营混合经济模式"。在20世纪70年代之后，各资本主义发达国家的债务非但没有得到偿还，反而在增长，无论从绝对值还是与GDP的相对值而言，都在增长。这种债务增长使得国家觉得自己正处于通货膨胀趋势中，企业提升价格抵消了政府注水的国民收入，而工人们则努力在自己的收入方面赶上这一步伐。尤其值得注意的是，美国政府用债务资助经济，财政部就要印刷美元刺激通货膨胀，这些美元流向全球，使得美元在战后成为全球储备货币。

根据战后资本主义各国的安排（布雷顿森林体系），美元的价值与黄金固定挂钩，成为其他国家货币汇率的标准，从而方便国际贸易与投资。

资本主义的冬天
经济危机和资本主义的失败

为了支付战争开销和国内工程开支，美国人的印钞机开足马力制造出了大量的美元，布雷顿森林体系难以为继，到了1971年，美国被迫宣布美元汇率与黄金脱钩。当时各国都试图用现金美元套购美国人的黄金，诺克斯堡（美国黄金储备地）几乎要被搬空。尽管很多人持不同看法，但其实这件事并没有从根本上改变货币的本质。长久以来，货币就是在信用和国家法令的基础上运作的。但这件事的确标志着一个转变进行的程度：全球经济体由原先自我调节的系统（这其实也是一些狂热的自由市场信奉者所想象出来的）转变成一个依赖于政府权威管理的体系。在这个体系里，政府在其触手可及的范围内，实行管理方面的松弛或限制措施，将为国家的快速发展开路。

事实上，虽说政府干预看起来风风火火，这种"自动平衡器"也使得经济能够比较平衡，但20世纪70年代，黄金时代还是结束了。全球经济增长迅速放缓，投资率和生产率下降，失业率上升。这次衰退被普遍认为是石油价格快速上涨所造成的震荡，而欧佩克国家与石油公司的冲突是罪魁祸首，当时欧佩克各国试图增加其在全球石油利润中的份额，抵消美元价值下跌所造成的影响，因为石油价格是根据美元设定的。但我们应当看到，当全球经济逐渐适应了石油价格的这种变化后，先前的增长势头也没有再恢复，即便在石油价格再度下跌后，增长势头也没有恢复，这意味着全球经济正在经历某些更加根本性的变化。

不祥的预兆已经出现有一段时间了。1974年，经济学家威廉·诺德豪斯在布鲁金斯学会的刊物上发表文章指出，"根据大多数的测算，从1966年之后，美国的企业利润就在下跌"，即便把1973年石油公司创纪录的利润创造额考虑在内，也是如此。

他继续写道："而且企业利润的这种疲软状态不单单在美国出现，整个西欧的大部分国家也都出现了企业利润的长

资本主义的冬天
经济危机和资本主义的失败

期下跌。"[13] 又一次出现了这个循环：繁荣以及相伴而生的生产投资增长（相对于劳动力而言），导致利润下跌，从而终止了经济繁荣——虽然到1974年，这一进程的拐点再次以还未被人察觉的方式到来了。

在一些经济周期历史学家看来，战后的繁荣期在20世纪60年代结束，这一点都不让人感到吃惊。但黄金时代的结束，并未如当时一些人所害怕的那样，导致一次传统意义上的经济危机和萧条，就好像第二次世界大战结束后，尽管经济增长有限，但各国的社会福利水平还是得到了维持。在欧洲，"公共支出占GDP的比重，从1967—1969年的38%上升到1974—1976年的46%"，这些支出首先被用在转移支付和社会工程上，"在德国、荷兰、丹麦和瑞典这种增长尤其迅猛"。在日本，政府支出占GDP的比重从1970年的19.3%，上升到1975年的27.3%，再上升到1980年的32.2%。在美国，工业生产指数在1974年9月到1975年3月间年化下降了

24.8%，而就业率年化下降了6.7%，不过这次萧条被政府用猛烈增长支出的方式挽救了回来，1973年美国政府支出2648亿美元，到1975年，这一数字上升到3569亿美元（1950年的这一数字为408亿美元）。政府采购军用、民用商品及服务，还向家庭进行转移支付。这样做的影响是，现金快速注入经济，家庭消费力增强，"企业现金流激增"。[15]与此同时，这次危机金融方面的困难——1974年，价值几十亿美元的富兰克林国家银行倒闭，其他银行也面临严重困难——也被美联储和其他政府机构遏制住，他们出手为这些面临困境的金融机构兜底。

因此，全球资本主义经济体并没有经历一次新的萧条，而是经历了一次时间短、程度重的衰退。但是，如果我们认同这样的理念：萧条既是社会盈利能力不足所导致的恶果，也是治愈这一疾病的良方，那么使用政府资金来遏制经济下行也就意味着，接下来的经济繁荣期也是有限的。汤姆·坎

资本主义的冬天
经济危机和资本主义的失败

普就描述道：

> 经济下行导致资产价值重估以及成本下跌，为经济复苏扫清了障碍，资本的盈利能力也得到恢复——但这种经典模式这一次并没有发生。确确实实发生的事情是……在1974—1975年间失去盈利能力的工厂在经济繁荣期没有重新开张，"去工业化"开始了。[16]

政府的支出再度成为企业利润以及收入（转移支付），这些钱都会被用来购买私人企业生产的商品和服务。但在国家资产负债表中，上述这些利润表现为激增的政府债务和财政赤字。同时，这些利润并不在私人企业领域产生，而私人企业领域就是资本主义经济本身。事实上，这些利润是以税收和贷款的形式表现出来的。事实上，先前利润率下跌的情况并没有被根除，而是被抵消了，因此对于各企业来说，更合理的做法并不是利用可以获得的资金建造新的工厂，生产更多的商品，而是从现有的生产领域榨取更多利润，比如对劳动力进行投资，这些企业会通过投资试图获取更加节能的生产设备，同时将工厂从高工资地区，转移到低工资地区，从而削减成本，或者简单地威胁采取这样的行动，从而逼迫劳动者同意削减工资和福利。（这样做的结果，就是西欧失业率的持续上升，以及美国出现了所谓"铁锈地带"。）

当然，广泛出现的生产场所效率提升、职业安全措施的松弛、工作时间的延长、兼职工和临时工的增加也降低了平均工资，增加了盈利能力。1970年到1985年期间，美国工资的年增长速度从12%下跌到4%。工资增长停滞加上通货膨胀，平均周薪在1970年到1986年期间下降了14.3%，家庭收入的中位数在1973年到1986年间下降了6%；[17]家庭收入之所以能在这种程度上维持，只是因为大量已婚妇女涌入了劳动力大军。尤其在美国，消费债务越来越容易形成，从信用卡融资到方便贷，和通胀一样，使得商业活动能够维持既有水

资本主义的冬天
经济危机和资本主义的失败

平,即便工资已被压低,而社会商品价格仍在上升;而消费品增加的成本是被金融机构以利息的名义拿走的。养老金计划使得部分工人的收入被中介机构、银行和其他金融机构所利用;在美国,有一个名为"401K"的计划,就是用私人股票投资来代替上述的养老金计划,就好像削减或消灭和工作相关的医疗保险计划,从而进一步降低劳动力成本。

从20世纪80年代开始,通过福利国家计划,向社会支付工资的做法在各国都在继续,但额度削减了,削减的程度取决于各国的政治形势,释放出来的资金归企业使用。税法的重构使得收入从劳动者转移到高收入者手上,这在美国做得尤为过火,[18]而直接削减工资的做法在几十年的过程中被认为是合理的——所谓"供给侧"理论居然认为,不管利润预期如何不堪,资本家们只要掌握越来越多的货币,就会投资。

事实上,考虑到相对于劳动力水平,生产投资水平处于高位,上述所有的做法都不足以恢复高水平的盈利能力。结果，用最近的一份调查报告的话说就是：

> 从1973年到现在，无论用何种标准的宏观经济指标来衡量，美国、西欧和日本的经济情况都在恶化，而且是一个经济周期比一个经济周期恶化，一个十年比一个十年恶化（除了20世纪90年代下半期）。公平地说，同期，也就是从20世纪90年代中期开始，世界范围内所有地区的资本投资，除了中国以外，都在持续疲软，连东亚地区（新兴工业化国家）也未能幸免。[19]

生产投资放缓意味着其他领域更容易获得货币。企业开始将先前用于扩张生产的大量货币，用来并购现有公司，或者对现有公司进行重新布局，将一部分公司出售，以获取快速赚取利润的途径，并且操纵股票价格以便从股市上赚钱。在20世纪80年代晚期，据测算，代表美国股票价值的标准普

资本主义的冬天
经济危机和资本主义的失败

尔指数，有大约70%的增长是源于并购与收购；[20] 在接下来的20年时间里，股票价格中，超出公司基础价值的那一部分在继续增长。这样，20世纪80年代的合并潮逐渐演变成更大规模的金融市场投机，而不是对生产企业的投资。我们可以单看投机的一个领域：货币交易基金的价值从1973年的200亿美元，上升到2000年的1.25万亿美元。这种基金专门被用来买卖各国的货币，从而利用汇率的细微变化盈利。它们在这段时期里的涨幅，要远远大于实体商品和服务的交易。

而新型"金融工具"的干预，成倍增加了投机的手段，例如衍生品、掉期交易以及现在臭名昭著的各种债务的"证券化"，包括房贷的"证券化"。（这种做法无非是把债务变得可以出售，从而创造出真实投资货币的想象镜像，想知道这种镜像走得有多远吗？想一下：在2007年9月的危机期间，据估计全球167万亿美元的金融资产，产生了596万亿美元的衍生品，基本上都被用来赌博未来资产价格的动向。）

第四章 黄金时代之后

"流动性大规模向投机领域转移……产生了强大的、立法放松管制的冲动……"[21] 先前，当各企业被压力所迫试图进行投机时，就曾经有过放松管制，尽管它理所当然地使得人们能更加容易地采取冒险行动，但并不是导致投机活动增加的原因。类似的，今天有很多人认为，之所以会有人通过举债进行并购，还有人进行其他形式的投机行为，全都是贪婪所导致的，这种看法也是值得怀疑的，并且是愚蠢的。一来，这种看法依然无法解释为什么最近几十年来，人类的贪欲会突然上升；二来，这种看法也忽略了资本投资决策的基本目的：在合理的期限里，获得最高的利润。与此类似的情况出现在彩票里，尽管只有几百万比一的概率，但彩票的确是普通劳动者获得巨额财富的、最可能的方式，而投机只不过为商人提供了一个好机会，以获得比投资生产更高的利润。

投机以及盈利水平低下导致企业债务数额激增，还有一

资本主义的冬天
   经济危机和资本主义的失败

个因素加剧了这种情况：政府支出鼓励借贷，导致了通胀，通胀又促使货币价值下跌，利息成本下降。在美国，一些公司曾经还是比较传统地从自己的利润中拨出款项来进行扩张，但在1973年，公司借贷首次超过了企业内部筹资，而这还仅仅是个开始。

（大约在同时，法国也出现了美国式的借款动向，德国则仍然是传统的企业筹资模式）经济形势的不确定性尤其导致了短期债务的增长，而这又使得企业破产的概率升高，因为资金层面的突然波动可能会导致企业无法偿还短期债务。

在很大程度上，尤其是20世纪80年代以来，投机和债务增长构成了资本"全球化"模式的一部分。在20世纪的最后25年里，我们确定看到了一次全球范围内的生产贸易扩张，还有一些生产活动向低工资地区的转移。[22] 资本输出在任何情况下，更多地还是朝向经合组织里的资本主义发达国家，但就和国内投资一样，它的推动力在很大程度上来自"与金融及短期投机直接相关的领域"（保罗·吉萨尼语）[23]就如同最近一份经合组织的研究报告所指出的，外国直接投资（FDI)正"越来越被服务行业以及并购所统治"，以至于全球FDI中，流向"制造业的金额占比，从1990年的41%，下降到2005年的30%"，而且到了2006年，并购行为"占到了FDI总额的2/3，与2000年创纪录的水平相比，这个比例已经略微下降了"。[24]

从1971年到1976年，全球50家最大的银行的国际分部数量，增长了60%。美国银行尤其加强了其国际存在感，比如花旗银行海外部门的活动，占整个银行活动的占比，就从40%扩张到了70%。"通过这种方式，一个巨大的金融结构出现了，不受中央银行的控制，也不必遵守存款准备金要求，自身就有能力增加流动性。"[25]美元大量涌入这一结构，因为美国的国际收支状况越来越趋向于负面，而美元又具有储备货币的特性，所以美国只能用它来应对日益增长的支出，于

资本主义的冬天
经济危机和资本主义的失败

是"石油美元"在欧佩克国家积累起来。

但早在1980年,全球美元储备还少于500亿美元时,银行创造出来的信用就超过了2230亿美元。这种"信用"是指银行对外的借款,并且假设这笔钱将在银行必须履行义务前被归还。

20世纪70年代,向欠发达国家的借款呈快速增长趋势,这些贷款的主要来源已经不是原先的政府及国际机构,而是商业银行。从1975年到1982年,可以明显地看到,拉丁美洲欠商业银行的债务每年增长超过20%。利滚利加上筹新债还旧债,让这种债务行为发展得更为迅速,结果就是在20世纪80年代早期,一系列债务危机摧毁了拉丁美洲。其中一个后果就是这些国家纷纷放弃了内部经济发展计划,转而根据国际经济权威机构(世界银行和国际货币基金组织)的要求,将经济战略向出口转型。这些国际经济权威机构之所以能有如此权柄,是因为它们负责监督这些国家债务的重构。而东

第四章 黄金时代之后

欧一些接受贷款的计划经济国家也面临类似命运。它们灾难性地深陷债务泥潭，而这些债务一开始似乎是提供了一条道路，使得这些国家能够从国营企业系统财富下降的不利局面中摆脱出来，这也是将前"共产主义"世界整合到全球资本主义体系的重要步骤。（我记得，15年前，我曾向匈牙利异见分子康拉德表示，东方加入西方的时机不巧，恰好是资本主义经济幸福时光刚刚结束的时候。康拉德当时刚刚大肆鼓吹完融入世界市场是本国问题的解决方案。他对我的回答是：终于碰到一个比匈牙利人更悲观的人了。）到1984年，美国也加入了这个俱乐部，接受的外国投资比它进行的投资输出更多，1年后，美国成了净债务国。美国逐渐变成了全球最大的投资接受国，和最大的债务国，它严重依赖外国借款来筹措战争经费，并且无度地消费着全球生产的商品及服务。

如此一来，通过上述这些方式，债务代替了正在减缓的

资本主义的冬天
　　经济危机和资本主义的失败

资本主义经济所无法创造的货币。这里的"债务",就是未来某个时间承诺支付的货币。政府、企业以及个人都在使用借来的资金购买商品和服务(在这方面,个人参与的程度越来越深)。这样一来,银行和其他企业的资产负债表上,就会出现大量的公共债务、企业债务以及家庭债务,而且这些债务在资产负债表上,往往是作为利润被记录下来的。这种情况必然不可能长久,势必会受到各种力量的干扰,包括个人投机活动(就好像乔治·索罗斯1992年迫使英镑贬值,赚取了大约11亿美元),多家企业在国家和地区间转移资金(就好像1997年泰国房地产疲软导致泰元崩溃,又好像远在巴西和俄罗斯发生的信用危机)。1987年10月,全球性的股灾导致美国历史上最大规模的资产蒸发,让观察家们想起了1929年的华尔街危机,并且预示了2008年的大崩溃。

　　美联储维持低利率的政策导致1995—2001年期间互联网泡沫的产生及破灭,当时投资者争相投资互联网公司,这些公司被认为是新兴的、技术密集型经济的弄潮儿。类似的风潮在欧洲也同时发生，当时德国、意大利和英国举债发展移动电话网络。2000年3月到2002年10月，股市崩盘导致投资者5万亿的钱化作云烟。为了寻求新的投机途径，投资者们把目光转向了房地产市场；经济学家罗伯特·席勒在2005年指出："一旦股市下跌，投机狂热就会从股市中溢出，而房地产市场将成为另一个宣泄口。还有什么地方能够让那些金融人才发挥他们新近获得的交易才能？"[26]

要将全球人口纳入繁荣的资本主义经济体系，就必须有一定水平的经济发展，相对而言，对于生产的投资所能够获取的利润就显得不足了。这也是整个20世纪90年代，投机资本之所以会盛行的更深层次原因。而从1990年开始，这种投机盛行在各个地方，导致了不同形式的萧条：在日本，表现为房地产泡沫的破裂；在相对繁荣的欧洲，表现为失业率居高不下；在美国，表现为经济停滞、工资下跌、贫困

资本主义的冬天
　　经济危机和资本主义的失败

率上升以及对债务的依赖加深——个人、企业和国家都在举债——没有债务,美国人就无法维系"美国式生活标准"的神话;而在拉丁美洲,各国不断滑入经济困境的深渊,尽管各国曾经阶段性地、成功地驾驭过这些困难,但总体情况仍在恶化;在非洲,尽管这里有丰富的自然资源,但整个地区的经济状况仍在恶化,只有部分统治者通过石油和矿产交易在瑞士银行聚集起财富;在俄罗斯,情况类似,整体形势恶化,只有前党政干部,能够积累财富成为百万富翁;而在全球范围内,史无前例地有上千万失业或半失业人群聚集在各个贫民窟之中。这些就是事实,持续隐藏在过去30年表象下的现实:经济收缩与扩张的交替、债务危机、危机临时得到解决、汇率崩溃、金融阵痛从世界的一个部分传递到另一个部分。

　　结果,当2007年的经济危机来临时,一切显得如此震撼而突然,但其实在此之前的几十年间,许多噩兆已经表现得足够清晰——债务危机、衰退、银行倒闭、股市暴跌。人们普遍把这些归罪于监管放松、贪婪或中央银行的政策失误，但其实，现在的经济崩溃，是整个资本主义体系历史逻辑发展的产物。

今日我们所面对的危机，其实在20世纪70年代中期就已经萌芽，当时所爆发的萧条被政府经济政策所遏制，部分被转移到世界贫穷地区，更多的则是通过史无前例的发明创造——公共债务、私人企业债务和个人债务暂时抑制住了。30多年中，这次萧条表现得并不明显，但今天，它却以更加明显而凶猛的姿态展现了出来。或许，通过继续增加信用注入，能够阻止这次危机将全部的破坏力展现出来。也有可能全球经济正在进行的大调整会继续，现在这种调整在希腊、爱尔兰、英国和日本最为清晰可见，同时它会展现出更多我们还没看到过的可怕后果。我们能做什么？我们又不能做什么？

第五章

恰当的政策

投资专家、作家乔治·库珀则认为经济可能会经历"20年或更长时间的重新调整"。大多数人还谨慎地在他们的预测后附加了一个条件:如果短期内复苏会到来,那必须要有"恰当的政策"(罗比尼的话)。

第五章　恰当的政策

2009年3月1日,《纽约时报·每周新闻评论》用一个整版来汇集著名经济学家对于未来经济前景的看法,包括对目前的危机和各种危机应对尝试(不良资产纾解计划、紧急援助、刺激、预算计划)的看法。大多数人的观点多少都和纽约大学的鲁里埃尔·罗比尼教授类似,罗比尼认为2011年之前,这场衰退不会结束。最乐观的估计是衰退会在1年内结束,时任美联储主席的本·伯南克就是这么觉得的。投资专家、作家乔治·库珀则认为经济可能会经历"20年或更长时间的重新调整"。大多数人还谨慎地在他们的预测后附加了一个条件:如果短期内复苏会到来,那必须要有"恰当

资本主义的冬天
经济危机和资本主义的失败

的政策"（罗比尼的话）。当然，没有人具体指出"恰当的政策"到底是什么，这样无论未来发生什么，他们发表的预测都会显得滴水不漏。然而，当时没有人将其预测建构在以下问题分析的基础上：此次危机的性质到底是什么？到底是什么导致了此次危机？各种纾解危机的方法有效性到底怎样？[1]

事实上，目前关于大衰退的讨论，让人瞠目结舌地证明，经济学作为一门学科，在理论上已经破产。对于2007年一系列的灾难性事件，只有下列不痛不痒的解释：它们是全球金融机构过度放贷所导致的、信用危机的产物，而针对目前的经济病症，经济学家们的治疗方案，也逃不脱标准的"凯恩斯主义"以及"新自由主义"疗法的套路：首先是要打出一整套组合拳：一、政府向金融系统持续性地输血，提出的输血数目各不相同；二、对指定行业进行补贴；三、对于公共事业适度投资；四、提高失业福利；五、提升最低限

第五章　恰当的政策

度医保的参与度；六、加强对银行业的监管，避免银行重复危险动作。

然后，就是简单地等着"市场自我修正的天性"能够发挥作用，就如同威廉·普尔向《纽约时报》论文集的投稿里所说。威廉·普尔来自超保守的卡托研究所，并且是圣路易斯储备银行前总裁。普尔认为，事实上"联邦的政策正在损害经济"，因为这些政策的刺激效果"会被意料中的更高税收以及填补赤字的需要所抵消"，而这些都会遏制投资。

评论员们的这些争论，和现实世界中一样，政治家、商人以及经济官员也在争论如何应对目前的经济疲软。[2] 美国承诺到2010年将其预料中GDP的4.8%投入经济刺激计划，而中国计划将GDP的6%在未来2年中投入刺激计划——《纽约时报》2009年的一篇社论认为，这样的数额"还是太小"，而《纽约时报》绝对不是极端主义者的报纸。欧洲政府的经

资本主义的冬天
经济危机和资本主义的失败

济刺激计划甚至和上述数额还有一定距离。2010年春季，各国都在试图挽救正在崩溃的希腊经济，只有这样才能保护其他国家的银行，以及持有希腊债券的私人，从而避免希腊危机扩散到其他更大的一些欧洲经济体，保证欧元仍然是整个欧洲范围内的货币。这次事件提供了一个鲜活的例子，让我们看到欧洲各国政府在采取扩张性行为时，有多犹豫不决。最终，欧洲金融部长们不得不拿出可怜巴巴的1万亿美元救助计划，还是在国际货币基金组织的支持下，即便如此，"一些银行家们还是在质疑，这笔钱从长期来看是否足以稳定市场。

有银行家表示，有更多的欧洲经济体面临着不断升高的赤字，因此对于这么一大笔救助款来说，无论是筹措、确保或为其背书，都不是一项容易完成的任务。"说这话的专家名叫戴维·马什，在提及欧洲最富裕的那个国家时，他说："我觉得，德国并没有足够的责任心，或经济能力提供足以让市场满意的大规模贷款保障。"³ 而事实上，负责救助的基金从一开始就"更像一个理论上的设想"，而不是实实在在的计划：它规定，未来"如果类似西班牙这样一个代表欧元区总产值12%的大经济体要求援助"，各国就有责任提供贷款。⁴

欧洲在花钱应对衰退时的犹豫不决"尤其令人困惑"，奥巴马的经济顾问克里斯蒂娜·罗默认为，20世纪30年代大萧条时，作为应对措施的新经济政策见效，这表明"财政刺激的确是有效的"。⁵ 上述历史给我们上了明确的一课，这使得欧洲的反应真的令人困惑，而美国的刺激计划规模也很有限，这也让一些直率的凯恩斯主义者连呼"看不懂"，比如克鲁格曼。当然，历史给我们所上的课从来都不会只提供一个答案。比如，人们可以说历史证明新经济政策没有结束大萧条。⁶ 的确，直到1935年，罗斯福政府所有的措施都已经采取到位：银行业补贴及监管、工业价格管制、农业补贴、失业及养老保险、联邦创造工作岗位计划、支持工会活动。

资本主义的冬天
经济危机和资本主义的失败

所有这些帮助遏制了20世纪20年代开始的经济下行趋势。然而2年后,罗斯福政府大砍支出,投资及生产再度下跌,失业率增加(到1938年,总共有1000万人失业),似乎当时最好的情况也无非就是停滞。幸亏第二次世界大战爆发了,资源都被投入战争准备,"财政刺激"最终才创造出"充分就业",而且这种"充分就业"并不是建立在凯恩斯所主张的"消费增长"的基础上,而是以节衣缩食扩军备战为基础的。[7]

希特勒的故事也比较类似:纳粹的宣传机构在这个问题上拼命地鼓吹希特勒的丰功伟绩,但其实就业岗位创造计划和农业补助计划收效甚微,真正的经济猛增和充分就业,和美国一样,是伴随着穷兵黩武的企图才到来的。[8]

另一方面,新经济政策效果有限,战后政府也没能如承诺的那样"终结经济周期",有些人说这是因为罗斯福在执行凯恩斯主义开出的药方时,三心二意,没有充分实施。最高法院

第五章 恰当的政策

裁定国家监管机构在全国范围内采取价格固定的行为是违宪的，企业也反对加税、反对扩张预算赤字，罗斯福自己也觉得国家支出代价太大，为此感到不安。[9] 事实上，对于刺激计划的反对声浪，从经济刺激的理念一被提出来开始就存在着。亨利·摩根豪斯是罗斯福政府的财政部长，他就认为，之所以无法实现复苏，问题在于企业不太愿意进行投资，它们害怕联邦支出会导致通货膨胀和赋税加重。摩根豪斯认为，既然新经济政策没能将国家带出大萧条的阴影，政府就应该平衡预算，并且给企业一个机会，看看它们能够做些什么。[10]

无论理论家们有多狂热，对于政治经济决策者来说，和平时期的财政刺激政策，从一开始就是不得已而为之。今天和早前一样，标准的凯恩斯主义立场认为，经济收缩意味着需要第一流的刺激性支出，而政府总能够在刺激政策推出后，通过财政紧缩弥补大手大脚所造成的后果。

与此同时，就如同《纽约时报》一位评论家所指出的，

资本主义的冬天
经济危机和资本主义的失败

"有关全球富裕国家应当削减支出、提高税收的看法,是有许多真实性的"。[11] 资本主义经济体的经营者们正在陷入一种尴尬的局面,G20峰会后发表的声明最好地表现了这一点。G20是指全球最富裕的20个国家,它们在2010年6月召开峰会,并在会后声明中"承认了彼此间的争论":

> 几个主要经济体都在进行财政调整(比如紧缩措施),这就可能存在对复苏产生不利影响的风险……如果无法在必要的地方执行巩固措施(比如紧缩措施),也存在损害信心及阻碍增长的风险。[12]

混合经济体的窘境

在第二次世界大战结束后的最初几年,由于美国在战争中的胜利，凯恩斯主义理论的地位得到了极大的巩固，支配了经济界。用经合组织一份研究报告的话来说，出现这种局面，很大程度上是因为"在超稳定的国际经济环境中，公共领域在扩张，同时，全球经济在以前所未有的速度增长"。[13]到了20世纪70年代中期，情况发生了变化，由于黄金时代终结，国家经济活动迅速扩张以应对经济颓势，这导致各地都出现了预算赤字以及全新的"滞胀"现象，也就是经济停滞与通货膨胀令人烦恼地同时出现。公共支出既没有再次产生黄金时代那样的高增长率，也没能终结贫困，而且还对"资源分配、经济激励、消费者选择和个人自由产生了有害影响"[14]——也就是说，公共支出对于设想中的市场有效运转能力产生了伤害。

更具体地说吧，一段时期的盈利能力削弱需要"经济调整和灵活性"来修补[15]——换句话说，就是能够降低劳动条件和工资水平。20世纪80年代大多数资本主义国家都试图"改革"（其实就是"削减"）政府支出，令人惊异的是，这和"社会主义"世界市场朝向的改革动向十分相似。

有两个上述改革的狂热支持者，在一次调查询问中承认："目前还很少有国家能够高唱反政府论调，并成功地将政策基调转变成减少国家干预和公共支出"。[16] 部分原因在于1973年后的公共支出增长是以"人权项目"的形式出现的，比如养老金、失业补贴以及残疾人保障等，在低增长高失业率的时期，这些公共支出尤其难以削减。教育和医疗支出也得到保护，非但没有缩水，反而加码了，工业管制和环境保护的成本也有所上升。增长的赤字导致了利息成本上升，这需要一大笔钱填进去，而且数额越来越大（在全球领先的工业国家，中央政府为赤字支付的利息，占GDP的比重从1970年的1.4%增长到1995年的4.5%）。[17] 事实上，就像一个作家所指出的那样："如果偿付债务和支付利息同时进行……那么在西方工业化国家里，在国家支出中，偿债已经成为数额最大的一个单项,而国家支出的许多项目都在不成比例地增长"。[18]

在美国,让我们举一个特别引人注目的例子,来说明夸夸其谈与现实之间的区别,罗纳德·里根1980年登上总统宝座,当时他的姿态是要终止赤字财政和关联性的通货膨胀。事实上,美联储提升利率的举措有效地降低了通胀,但代价是深度的经济衰退,到1982年底,失业率也上升到10.8%。到1983年,118家储蓄贷款银行深陷房地产投机,终于破产;第二年,大陆伊利诺伊国民银行和信托公司破产,要知道这是当时全国第七大银行。

联邦机构出资45亿美元救助大陆伊利诺伊,而这家储蓄贷款机构吸纳的资金超过1600亿。于是,利率再度被压低,以扭转此次衰退。而且,虽然社会支出被部分削减,防务支出却在猛增;此外,税务改革将税负从最富裕的0.5%人口向中等收入民众头上转移,这导致预算赤字从1981年的800亿

资本主义的冬天
经济危机和资本主义的失败

美元（GDP的2.5%）上升到1983年的2000亿美元（GDP的6%）。到里根离任时，国家债务翻了三倍，从9000亿美元，上升到了2.8万亿美元。

简而言之，经济政策并不受意识形态左右。我们可以从弗朗索瓦·密特朗不走运的经历上，看到同一枚硬币的另一面。密特朗1981年成为战后法国第一位秉持社会主义理念的总统。他有点"反里根"的倾向，试图消弭从美国扩散到全球的经济衰退，做法就是扩大内需，诸如"大规模投资公共领域和国有企业"，同时将私人企业国有化，最低工资提升10%，每周工作时间缩短到39个小时，每年有5周的带薪假期以及对富人征收"团结税"。"结果是负面的。金融市场不太愿意配合，法国资本开始外逃。"[19] 失业率持续上升，法郎被迫三次贬值；到1983年政府果断地决定采取新自由主义的经济政策方向，并且将注意力集中在对抗通货膨胀上。

总体而言，各工业化国家都游走在意识形态与现实的两

第五章　恰当的政策

极之间，于是混合经济体出现了，但越来越不稳定。

欧洲转向新自由主义[20]，最终签订了《马斯特里赫特条约》建立了单一货币区域，在美国，比尔·克林顿类似的动作就是恢复预算平衡，放松对银行业的监管并且"终止福利政策，就像我们所知道的那样"。但事实上，20世纪90年代初，是美国政府主导的信用放水首先将股市刺激了起来，然后是房地产市场，这才有了所谓"资产价格凯恩斯主义"，罗伯特·布伦纳创造的这个词汇非常精辟。表面上，里根的岁月开启了一段这样的时光：政府对经济的干预可以是服务于私人企业的，而不是对抗后者，表现为军事支出补贴企业资本；国家债务利息增长，这些利息都被支付给私人银行，而短期国债，据说是作为一种借贷证明，增加了投资种类；而格林斯潘的美联储扩张信用，使得金融领域欣欣向荣，消费者市场也活跃起来，最终为全球经济发展提供了动力。但2007年，巨大的贷款泡沫破灭，各国政府发现自己再度面临

资本主义的冬天
　　经济危机和资本主义的失败

两难：一方面，对于那些"大而不倒"的金融企业要继续输血，以维系经济体系的运转，支撑地方政府并"刺激"民营经济；另一方面，这些政府必须要限制国家债务继续增长，以免国家债务的数额，高到面临大规模违约的程度。

今日政策制定者们所面临的窘境，已经不是20世纪30年代可比的。当时的政府，一方面要从国家层面支持私人企业的发展，一方面，却要面临私人企业的"嫌弃"，商人及其政治代表几乎是本能地对"大政府"有反感，而这种反感的来源，可以追溯到19世纪的经济自由主义。2007年危机公开爆发时，依然需要国家采取措施，就和先期一些企业崩溃时一样，但今天的局面和大萧条爆发时已经不同。[21] 美国的政府债务在1930年时是160亿美元；今天则已经到了12.5万亿美元，而且还在上升。

若论占GDP的比重，联邦债务到1970年就已经达到了37.9%的水平；到2004年则达到了63.9%。也就是在2004年，

第五章 恰当的政策

国际货币基金组织警告：美国预算赤字和加剧的贸易失衡威胁着"全球经济的金融稳定性"；国际货币基金组织的一批经济学家"对于美国摇摇欲坠的财政根基发出了巨大的警报声，质疑布什政府减税是否明智，警告庞大的预算赤字导致了'重大风险'，这种风险不单单会影响到美国，还会影响到全球其他地方"。[22] 5年之后，即便面临的是相对有限的经济刺激计划，

> 全球各国政府……发现自己和那些尴尬的消费者一样：债务越来越多，要偿还的利率也越来越高。对于美国和德国这样的国家来说，这种利率往往代表了政府要多支出几百亿美元……这导致政府在进行社会工程和军事行动时，在经济支出上面临前所未有的压力。同时，企业、房屋拥有者和消费者的债务利息也不得不上升，这也损害了经济增长。[23]

资本主义的冬天
经济危机和资本主义的失败

而且,根据最近的一项分析:"即便在危机开始之前,欧洲的财政状况已经到了无以为继的地步,债务越来越重,收支平衡方面却一直没有大的进展。"[24]

2010年3月,日本议会通过了1万亿预算,试图振兴从20世纪90年代早期就深陷萧条的经济,这使得日本公共债务规模两倍于其GDP,在工业化国家中情况恶化程度最甚,而且公共债务的利息支付额也在2008年占到了财政预算的20%。

一年之后,瑞信银行"固定收益策略师"福康纳嘉得出了正确的结论:"日本将继续售卖更多的债券,同时还担忧'这种做法在未来3~5年内无济于事。如果你问我那之后日本能采取什么措施,我的回答是——选择不多了'。"[25] 穆迪投资者服务公司是债券评级机构巨头,根据其资料,在工业国家中,美国和英国到2010年早期"显著地越发接近于"失去3A评级,而正是因为3A评级,美英政府才能够以较低的利率，不断从市场上用政府债券融资。也这就意味着，美英正在接近一个转捩点，过了这个点后，他们还贷的可能性将会下降，投资者面临的风险增高，它们要想继续融资就只能提升债务利率。

而接下来，更高的利率将加重这个国家的总体债务负担，并且可能迫使政府削减支出，增加税收，或者同时削支增税。最近希腊和葡萄牙发生的一切很好地说明了这种困难，罢工和抗议的民众沿着街道前进，抗议政府采取严厉的紧缩政策，直接削减了他们应得的权利和国家福利。[26]

应当指出的是，主权债务问题表现得不如实际那么严重，就好像美国那样。在美国，许多政府债务以及为了对抗债务而采取的痛苦的措施，并非直接由联邦政府出面执行，而是由州政府出面的。在中国，国家债务也是由省一级的财

资本主义的冬天
　　经济危机和资本主义的失败

政部门发行的。

　　这种状况就造成了一些问题，而这些问题是大规模凯恩斯主义刺激计划的拥护者们所无法真正回答的，他们只会向保罗·克鲁格曼那样承诺，我们距离政府债务清算可能要比想象的远。很久以前，布鲁金斯研究所的哈罗德·莫尔顿曾在一篇批判凯恩斯的文章里指出，凯恩斯

> 没有正视一个问题：政府支出从长远来看将使得财政面临困境。与他许多的追随者不同，凯恩斯自己从来没有认为，公共债务一直增长下去不会有任何问题。这个基本的、长期的问题就这样被忽略了。[27]

　　海曼·明斯基是凯恩斯主义在现代的特殊利益追随者，他为莫尔顿的批评提供了一个很好的相关性例证。他坚持认为，20世纪60年代以后，经济正在变得越来越容易遭受金融危机的打击。在他1986年进行的重要研究工作中，明斯基平

静地表示，1975年，政府赤字被个人储蓄上升所"抵消"，更重要的是被企业现金流的上升所抵消。商业利润……得到了维持和增加，即便在整个国家面临严重衰退之际。"[28]这种观念的基础是"经济学的基本原则……所有单位实现的金融剩余（+）和金融赤字（-）之和等于0"。[29]然而，在这个背景下，该原则似乎暗示着，资产负债表上贷方栏里的收入和利润是虚幻的，因为它们最终都会被拿去偿还政府的债方栏。当然，有一个没有明确的假设，对于它给不出任何原因：如果经济能够获得全新的增长，那就有可能用商业上的扩张来支付债方栏，从而使得政府债务能够"一直避免违约风险"。[30]

正是由于隐隐地存在这种危险的可能性，即便像美国和日本这样支持刺激计划的国家政府，也希望刺激计划能够在1到2年内结束，即便上述可能性现在还很遥远，而它们也并不执迷于凯恩斯主义的雄心。它们期待刺激计划尽快结束的看

资本主义的冬天
经济危机和资本主义的失败

法也被经济学家的心理预测所支持。这些政府在两难中犹犹豫豫：一方面正在持续的大萧条震撼着它们，还可能导致整个社会的动荡；另一方面经济刺激计划面临困境，效果有限且赤字灾难性地居高不下。各国政府既要发挥维持社会稳定的功能，又要去满足商业界的需求和愿望，它们只能在这两者间寻求平衡。

在美国，财政部并不愿意去严厉地干预银行家们的决策，银行家们可以任意支配它们所能够撬动的资金。奥巴马总统因此才会显露出精神分裂症的特征，他在2009年3月14日向记者们发表演讲："我们得看到，全球都在采取行动，应对消费需求剧烈萎缩的问题"，这番话是向国会传递的一个信号。可是几天后，奥巴马又说他"可以支持向一些雇主的医疗保险收税"，从而降低了工资，收缩了需求。而且，欧洲各国政府也不太愿意追随美国人的脚步，而美国人本身就三心二意，这导致刺激政策成为美国人一家的事，限制的是

第五章　恰当的政策

他们的预算赤字，勒紧的是他们的裤腰带。

如果简单地放任经济滑入萧条，就如同一些极度保守的经济学家们表面上所主张的那样，那是不可接受的，另一种做法是激烈地扩张国家的经济活动。但美国各级政府（联邦、州和地方）已经要为35%的GDP负责。如果这个债务比例达到50%，也就是第二次世界大战时的高度，私人资本的增长或多或少会陷入停滞。今天国家经济活动的扩张意味着一种类似的变迁，即资本主义企业被替代，从而创建国营经济，就和苏联那样，这种目标是没有任何政治力量支持的（除了《新闻周刊》在2009年2月7日刊登过一篇惊世骇俗的封面报道，《我们现在都是社会主义分子了》）。俄罗斯及其卫星国拥抱自由市场不过20年的时间，有些国家采取的是高度限制版的自由市场制度，但这些国家的政府都没有兴趣重回中央计划经济时代。

古巴在中央计划经济体制下坚持得最久，面对经济下滑

资本主义的冬天
经济危机和资本主义的失败

也计划"从公共领域裁员超过50万人,并期待这些人会进入民营领域"。[31] 即便是瑞典,这个美国保守派眼中西方的"社会主义"标杆国家,也拒绝从通用手中接手萨博,该国企业部长莫德·奥勒夫松宣称:"瑞典政府并不准备拥有汽车工厂。"[32] 在任何地方,大部分用来刺激经济的钱都被投入了私人经济领域,比如收入转移、减税或政府支付还有面向企业的补贴。

从经济学的视角来看(包括大部分"左翼"的经济学)经济的关键点在于分配资源来满足消费需求。主要的问题在于辨析两种互相冲突的观点,也就是哪一种经济才能最好地提升公共福祉(也就是国家的财富)——是混合型的?市场型的?还是国家计划型的?这也是为什么包括凯恩斯在内的大多数经济学家,会把赚取利润视为一种手段,通过它让人们得到钱,以投资生产从而服务于消费。也正是这个,让当代的凯恩斯主义者保罗·克鲁格曼忽视了赚取利润的重要性,并且在为大规模经济刺激计划背书时宣称:"在目前的条件下,大规模扩张公共支出能够使得那些本没有工作的美国人得到工作,也只有这样那些闲钱才能被调动起来,这些人、这些钱才能生产一些有用的东西。"[33] 但对于资本主义体系来说,提供就业岗位并不是它们的目的,它们雇佣工人是要制造利润的;对它们来说,目的并不是"生产有用的东西",而是资本增值。(上面已经说过,"国民收入"和"增长"的概念里,有一个幻觉,就是资本主义的健康与否,并不看其利润是否增长,而资本投资自身是否健康,也不看利润是否增长。)

如果不是这样,那么下列事实就不会成为一个需要解决的问题:"目前扩张性的财政政策已经导致了与老年人相关的开销上升,并且很大程度上是缺乏经费来源的开销(养老金和医疗成本)。"[34] 为此,政府正在延迟退休年龄,最后还要削减福利。

经济学家也好,商人也罢,都没有从理论上对资本主义

资本主义的冬天
经济危机和资本主义的失败

有足够的认识,而后者至少还在实践层面清楚它是如何运作的。商人们无论在表面上怎样宣称他们是为了普罗大众谋福利,心里面还是知道利润,而非消费,才是商业的目标。他们可以看到,政府为养老金、医疗保险和失业纾困埋单,提升了工人们的收入,却没有提升企业的收入,而且政府不断增长的债务总有一天要面临偿还的问题,而同时,这些债务还可能把原本用于企业投资的钱给吸走——无论事实上企业是否急于把钱用在这方面。他们虽然不能完全理解,但还是感觉到私人企业经济和政府支出是存在基本冲突的,而且私人企业经济不得不依赖于政府支出。[35] 在美国,当初有人反对用不断积累的公共债务去资助新经济政策,布罗德斯·米歇尔对此的评论也同样适用于现在的"赤字鹰派",只不过现在不再面临20世纪30年代那样财政破产的直接威胁,这种焦虑似乎也没有太多必要:

第五章 恰当的政策

有切实的理由使我们相信,真正的示威并不是因为财政问题,从性质上来说,大体上是经济和政治问题所导致的……真正的恐惧来自这样一种担忧:政府在干预危机时,会损害私人企业系统的权利。政府干预一开始是帮助私人企业界的,但后面就有可能使后者面临被取而代之的威胁。[36]

一个潜藏的问题在于:政府资助的生产并不产生利润。这很难理解,因为过去75年经济政策的一个基本假设就是:政府的支出能够和私人资本主义投资起到一样的作用,而上述论断与这一假设矛盾。此外,公司将商品卖给国家,就好像波音向空军提供轰炸机,的确通常能为其投资获得不错的利润。但支付给波音的钱意味着整体经济所产生的利润减少了。政府自己是没有钱的,它用来支付的钱,都是税金或者借来的资金,后者最终还是要通过税金来归还。[37]

资本主义的冬天
经济危机和资本主义的失败

税金似乎是每个人都要交的。表面上企业被收的税总是不足，但其实只有企业是真正的纳税者。要理解这一点，我们先要记住：一年内产生的总收入是可以用作各种目的的货币总和。这些钱的一部分必须用来更替前一年被用掉的商品，一部分必须以工资的形式购买消费商品，一边让劳动力能够进行自我复制；剩下的，则表现为利润、利息、租金和税金。工人们能够真正得到的是他们的"税后"收入，从这个角度来说，对雇工们征税，只不过是一种减薪的方式。扣除薪金、股息、资本收益和其他形式的商业收入，剩下的钱就是商业利润了——让我们记住，这些利润基本上是工人们的劳动所产生的，但并没有作为工资发给工人——当然，这里还有个前提，就是这些钱没有通过工资或者其他形式进入政府的钱库里。因此，当政府从一家企业购买商品或服务时（或者更简单，向农业提供补贴，向银行提供紧急援助），这只不过是将当初本就属于企业的一部分利润，重新反哺给企业，只不过当初征税时面向的是所有企业，如今"反哺"时针对的是一部分企业。支付给波音的钱，只不过是国家把从其他企业征收来的钱，给了这一家航空器制造商。

因此，政府支出并不能解决萧条问题，因为问题的实质并非消费需求不足，而是利润不足，导致企业没有扩张的动力（这也连带导致消费者需求的减弱）。政府开支能够给金融公司和商业公司提供维持运转所必需的钱，从而避免问题立刻爆发。至少从短期来看，政府开支也能够减轻经济危机所造成的痛苦，提供就业岗位，补贴失业者，或者建造基础设施以便未来能够用于创造利润。除此以外，马丁·加内克还讽刺地说，国家向工业资本主义提供的主要服务项目之一，就是充当替罪羊："是企业家和经理人做出的决策……但经济滑坡了却是国家遭到谴责，从通货膨胀到失业率，各政党都在玩'轮流换庄'的游戏，而且乐此不疲。"[38] 在萧条期间，一些深层次的问题只能通过萧条本身来解决（或许一

资本主义的冬天
　　经济危机和资本主义的失败

场大规模战争也能帮着解决，就像上一次大萧条一样，此时国家才能够发挥真正的作用），因为萧条本身能够降低资本和劳动的成本，从而提升盈利能力，通过技术进步和资本拥有权集中到更大、更有效的单位中，从而增加生产力。这一点在第三章中已经提及。

　　这也是为什么第二次世界大战后，目前所采取的经济刺激措施，只产生了繁荣的假象，而且代价是越积越多的债务。这也是为什么债务不能无限制地膨胀，否则要么破坏政府的能力（利息支付将在预算中越来越占据统治性地位），要么降低已经不足的私人企业盈利能力。于是，从2010年中期开始，政治家们已经开始转向，不再追求温和的刺激政策，而是力求节俭，减少政府雇佣人员，削减失业救济、医疗保险、养老金和在其他领域的支出。

第六章

资本主义的未来

2009年11月,大衰退已经开始了1年,《卫报周刊》毫不犹豫地宣称:"资本主义之梦正在痛苦地死去。"

第六章　资本主义的未来

2009年11月，大衰退已经开始了1年，《卫报周刊》毫不犹豫地宣称："资本主义之梦正在痛苦地死去。"一年半之后，这种激动的论调在很大程度上从媒体上消失了。取而代之的，是一篇又一篇表明经济正在复苏的文章，而旁边就是有关希腊正在滑向主权债务违约的报道，葡萄牙、西班牙和大英帝国也可能很快步希腊的后尘。有时候这截然相反的两种论调会在一篇报道里出现，就好像《纽约时报》新近发表的有关"无家可归救助和快速重新安置计划"的报道，里面提及"越来越多的前中产阶级美国人正在面临永久贫困的风险，即便经济情况好转，也是如此"。[1]

资本主义的冬天
  经济危机和资本主义的失败

  不可否认的是,在2010年,经济形势在美国和其他地方有略微好转。而在对金融机构进行紧急救助后,政府的刺激计划在经济好转中又起到了多大程度的作用?很明显,在中国,刺激计划见效了,中国正在进行大规模的、国家债务所资助的基础设施工程;而在美国,刺激计划似乎也在见效,尽管美国的国家支出水平相对有限。官方理论仍然是凯恩斯主义的,也就是一旦政府流动性闸门放开,经济活动水平就将提升,使得市场能够再度起到分配资源的作用。然而,官方理论的脆弱性在以下事实面前也展露无遗:一直有人表示担忧,认为政府支出一旦中断,"复苏"的经济将重新滑落回衰退的轨道。

  同样的,我们可以看一个类似的、具有警示意味的例子:通常人们都说,罗斯福在1937年不再坚持经济刺激计划,转而谋求财政平衡,这其实是将正在萌芽的经济复苏扼杀在摇篮里,尽管对于接下来发生的衰退,更直截了当的解释是：盈利能力仍然太低，无法刺激人们进行重大的投资，政府支出只是暂时掩盖了这个问题。

即便不去管增长的国家赤字所带来的必然问题，我们也无法想象，政府债务注入经济后，居然能拯救世界经济？得到救助的恐怕只有那些当时活该倒霉的百万富翁，过去和现在都一样。那些金融家们在重新富得流油之后，会投资什么？这个大问题从来没有人问，也没有人回答。目前为止，主流的观点似乎是，除了昨天泡沫经济的"金融产物"外，这些金融家只会投资债券，而这些债券代表的是日益增长且不可忽视的政府债务。[2] 如果出于投机目的的债务扩张能够带来繁荣，那么我们早就生活在一个新的黄金时代里了。相似的，各国政府和评论家鼓吹要对金融界再度严格约束，这也是为了避免未来的金融危机，这其实并非现在政治喧嚣的产物，但即便如此也无法解决以下问题：投资所获实际收入太少，远远不及对于投资收益的要求，到最后只能把更多新印

资本主义的冬天
  经济危机和资本主义的失败

出来的美元投入银行的金库。

就如同我们在前几章所看到的那样,大萧条和第二次世界大战所造成的经济上和物理上的破坏使得经济繁荣成为可能。但即便在经济繁荣的最高点,也就是20世纪50年代晚期,这种繁荣也不足以消弭对于政府刺激计划的渴求。当70年代中期战后黄金时代毫无疑问地结束时,政府开支大规模的增长避免了经济重回大萧条的轨道,但随之而来的,是今日越来越严重的赤字问题。

政府债务加上飙升的企业和私人债务,某种程度上促成了过去20年间的大繁荣。但债务最终是要被偿还的,而且偿还的钱须来自生产、售卖商品和服务的利润。然而,2008年非金融经济部门没能充分扩张,先前我们所构造的鲁布·戈德堡装置[①]已经崩溃,这种装置是在政府的赞助下,用担保债务凭证(CDO)和类似的"金融产品"构建的。

---

① 鲁布·戈德堡以善于制造一些奇怪、华丽却不实用的装置著称。

第六章　资本主义的未来

当然，20世纪70年代后的经济扩张，其作用也很有限：拉丁美洲和东欧的债务高得让人无法忽视、非洲、东南亚和拉丁美洲的贫民窟里聚集了数百万失业者，而在苏联及其卫星国，失业情况也类似，这些国家刚刚投入了自由市场的怀抱。根据联合国《人类发展报告2004》，"许多国家的发展情况滑落到20世纪90年代的水平，而且此类国家的数量前所未有。如今在46个国家，人们比1990年还要穷。在25个国家，饥饿人口比10年前多。"[3] 2010年，大规模贫困在最富裕的国家也成为无法逃避的问题：日本政府确认，这个正在衰落的全球经济老二官方贫困率达到16%，而美国不断增长的贫困、饥饿和无家可归率也显示了（或者说将要显示，如果还有人对这个问题感兴趣的话）黄金时代美国对贫困宣战的失败。考虑到GDP的增长（尽管这种增长受到经济周期的影响），以及社会顶层少部分人的财富增长，上述这些现象在当时和在现在似乎都显示出一种令人难以理解的悖论。由

资本主义的冬天
经济危机和资本主义的失败

此,保罗·克鲁格曼指出:"2005年,总体经济增长和大部分美国家庭的经济财富情况是脱节的",他觉得这种现象无法解释,并宣称这是个"谜"。[4]

但如果我们正视下面这一点,那上述情况就不再是个谜了——在资本主义经济中,赚取利润至关重要,而利润的来源,是雇工们所进行的生产劳动中,超越足以维持其生存繁殖的那一部分。上面那些让人震惊的事情,似乎和实际经济情况不符(看看经济专家和记者所透露的经济"数字"),但如果看看近几十年来低迷的投资率,这些事情就能得到良好的解释。在过去,萧条本身能够降低资本投资成本,使得利润率能够重新上升,繁荣再度到来;现在政府债务使得萧条被延迟,但这会导致除债务和金融外的经济其他领域停滞(而且即便到了这里,要避免崩溃就只有继续投入政府的钱,从而使得风险继续升高)。如果看待经济工作的这种方法是正确的话——资本主义早期历史的确证明这是正确的——

第六章 资本主义的未来

那么应对2007年以来表现得如此剧烈的经济困难，唯一真正的解决方案，就只能是大萧条。但避免大萧条是过去40年以来经济政策的主要目标。

如果暂时抛开经济灾难使人遭受到的苦难，可以预想的是，事态的发展或许会和过去一样，导致一种资本主义的新风向。通货紧缩和企业破产会降低商品生产的成本，工资被降低，更多的债务被一笔勾销，这为资本投资的利润率提升奠定了基础。但上面这短短一句里所描绘的过程，或许要经历几十年的动荡。它必然会导致全球经济体系激烈的重构，就好像19世纪末20世纪初的大萧条后，资本主义重新迎来了繁荣期，而此时全球经济霸主的宝座，已经从大英帝国那里转移到美国这边。

希特勒试图建立一个统一的欧洲经济体来与美国竞争，结果引发了一次世界大战；而日本试图在东亚建立一个类似的权力中心，战后，它用了不同的政治方法，并在美国的合

资本主义的冬天
　　经济危机和资本主义的失败

作下达成了目的。现在所谓"西方经济体"的停滞也表明了资本地理的变迁还在继续。

大多数人目前认为,未来会在中国和印度浮现。2005年《商业周刊》的一篇文章,用激动的语言写道:

> 和现在所发生的事情相比,即便是当初美国的崛起也显得逊色。世界上还没有两个国家的经济能够同时、持续性地起飞,而且这两个国家的人口占全球人口的1/3。在过去20年间,中国年增长率达到惊人的9.5%,而印度也有6%……除非有意外之灾,在30年内印度将超过德国,成为全球第三大经济体。到21世纪中,中国应该能够取代美国成为全球第一。到时候,中印两国的工业总产量,将达到全球的一半。[5]

事实上,2010年中国超越德国成为全球最大的出口国。

第六章 资本主义的未来

在另一方面,《商业周刊》的文章也承认,目前"中国和印度的国内生产总值只占全球的6%,相当于日本的一半"。中国所有出口制造品是由外资控制的跨国公司生产的,印度的信息和计算机技术领域全球领先,它在这方面的出售额中,2/3来自跨国企业。[6]

简而言之,中国的增长依然和西方发达国家有着密切联系,其重要性一开始是作为东亚的区域性枢纽,现在它已经是"亚洲各国向西方出口商品的最终加工和组装平台"。[7]印度的大多数人口仍然是贫困的农村劳动力,相较于中国,它甚至还远未成为一个独立的经济势力。事实上,"印度和中国的大多数贸易,仍然是欧美跨国公司制造的成品或半成品的转出口"。[8]在这两个国家,经济活力基于对外贸易。让我们对比一下,美国经济增长的基础"在1860—1920年间,以及接下来的几年里,就已经是其庞大的内需了"。内战后,美国开始逐步成为工业资本主义世界的统治性力量,外

资本主义的冬天
　　经济危机和资本主义的失败

贸的作用"被极大地削弱",通常情况下不超过GNP的4%或5%。[9]

　　这两个国家或许是未来资本主义复兴的引擎,但目前它们还处于相对不发达的状态。除此以外,甚至还有一个更重要的问题:现有的,集中在美欧日的资本规模非常庞大,中国在这方面不得不落在后面,那些可能成为资本聚集地的其他金砖国家也是如此。《商业周刊》曾轻松地猜测,未来可能出现"中印美三驾马车",但亚洲国家的工人们必须产生巨量的利润,才能让来自全球其他地方的投资者放心,否则这些投资可能会被一笔勾销,因为要重新建立全球经济繁荣,需要对资本进行重组,这会在西方导致生活条件的严重下滑,以及更高的长期失业率,这些都是大萧条带来的后果,而现在人们还没能充分预见到这一点。

第六章　资本主义的未来

资本的限制

　　按照这种模式去思考未来经济的发展情况，人们只考虑了全球私人企业的资本积累，却忽视了当代资本主义一个重要的特征（这个特征在前面讨论财政赤字时就已经提及）：各国政府（以及为各国政府服务的各国际组织）在经济事务中扮演着越来越重要的角色。最近几十年间，我们已经看到发达国家不懈地通过私有化的方式，试图减少本国政府对经济的干预，还试图通过类似IMF（国际货币基金组织）这样的国际组织减少发展中国家政府对经济的干预。最极端的例子出现在美国，不但邮政服务被从政府那里剥离出来，交到私人企业手上，甚至军事防务功能现在也在很大程度上由私人雇佣兵承担。当然，最具戏剧性的私有化，是整个社会全部私有化：原先以国有经济为导向的苏联及其卫星国，就转变

资本主义的冬天
经济危机和资本主义的失败

成了市场经济。中国也在发生这一变化,只不过比苏联及其卫星国更加谨慎而已。[10] 关于这个问题的一份有意义的研究指出,在西方,即便没有公共机构明确地试图推动私有化,我们也会看到

> 大多数政府在承担国家机构的基本功能时,显得越来越失败,包括维护国内法律和秩序以及防卫国土……确保向经济提供健全的货币,以及清晰地阐释规则,确保买家卖家、借方贷方、地主和租赁者之间的基本财产交易能够顺利进行,等等。[11]

与此同时,这位作者还指出,国家在GDP中所占的份额正在上升,同时愈演愈烈的,还有"政府对我们日常生活的干预"。[12]

国家放弃了更多对于营利性企业的权力,[13] 即便如此,政府基金依然是对于经济运行非常关键的操作。而这只是政

第六章 资本主义的未来

府对于其所偏好的商业领域进行补贴的多种形式之一。国家自身的私有化浪潮正越来越成为一些企业从业者谋富的方式,并为统治阶级经济利益服务。当我们在谈论它时,如果不仅仅将其作为一种讽刺性的转折短语,那么的确,那些基金代表了资本主义经济正在付出的一种代价,而且它们已经是资本主义经济的基本组成部分。

降低这种代价之困难,说明了大萧条后社会的一个重要变化:国家无力从债务泥沼中脱困,对福利型国家的依赖,则表明私人企业经济作为一个系统已经没落。尽管活力无穷,尽管从19世纪早期至今极大地提升了人类劳动力的产能,尽管在20世纪里阻止其扩张的政治社会障碍全都消失,资本主义还是无法制造出足够的利润,来将全球人口吸纳进资本主义现代工业体系。相反,越来越多的利润不得不从商业领域抽出,被用于赈济饥饿、镇压叛乱以及弥补积累不足,即便在发达国家也是如此。像美国国际集团、美国银

资本主义的冬天
　　经济危机和资本主义的失败

行或花旗银行这样的公司"大而不倒",必须得到政府资金的支持,这种理念等于是宣布市场经济的失败。通过竞争,管理差劲的公司应该被淘汰,让最能产生利润的公司繁荣昌盛,从而使得社会福祉最大化(经济学家们是这么认为的)。破坏竞争的行为就等于在实践上承认了资本主义自身的失败,就好像用国民收入的概念,代替盈利能力作为经济理论的核心,这种做法就是在理念层面上向上述形势的妥协。

　　当然,在过去,当别人在谈论财政平衡,并且要求回归严格的资本主义经济政策时,资本的主人们可以据此发动一次真正的私有化。但1945年之后,他们就不敢这么做了,一来是因为目前国家对资本的干预已经制度化;二来,私有化会产生悲惨的局面,在许多国家,公众对此的反应无法控制。这里有一个极端的例子:1973年,智利社会主义政府在一次军事政变中被推翻,随即该国就根据米尔顿·弗里德曼

第六章 资本主义的未来

的指导，实施了新自由主义的经济政策。弗里德曼秉持的，是反凯恩斯主义理论，具体做法包括：大举削减公共支出，并且大规模私有化，使经济迅速萎缩了15%，失业率从3%上升到20%。1982年，军政府领导人皮诺切特面临超级通货膨胀、"财务爆炸"和30%的失业率，此时尽管他拥有这个警察国家的统治强权（和他北方的资助者一样），还是被迫放下意识形态的考虑，将许多新建立的私人企业国有化（也有例外，智利国营铜公司为智利提供了85%的出口外汇收入，先前就没有被私有化）。今天也一样，想要恢复财政纪律的努力都碰到了障碍，一个是民众的大规模抗议，另一个是经济事实上在某种程度上对政府支出形成了依赖。由此，国家的政策往往摇摆不定，没有连贯性。即便如此，广大的劳工阶层仍然将付出代价：政府做出决策时，往往又要刺激经济，又要尊重市场自由，对劳工阶级来说，就是更低的工资和福利，或更高的失业率。事实上，我们已经可以看到，低工资福

资本主义的冬天
　　经济危机和资本主义的失败

利和高失业率已经同时出现。

　　2009年,经合组织发表了一份《就业展望》报告,里面提及,到当年7月,大衰退导致经合组织国家失业率达到8.5%(西班牙的等级失业率最高,达到了18.1%),"这是第二次世界大战后,最严重的一次失业率上升"。

　　这份文件还提及:"54岁或更年轻的人正在以前所未有的速度丧失经济基础",而青年人失业成为一个普遍性的问题。经合组织预计,在西班牙,15岁到24岁之间人口的失业率,到2010年将达到40%,在意大利和法国的这一数字将达到大约24%,而在英美大约是18%[14]。就在同一年的稍早时间,《纽约时报》指出,亚洲"先前觉得自己逃脱了美国次贷危机的波及,但现在它们才发现这不过是幻觉:主要出口国的销售额锐减,绝望情绪正在弥漫",这种情况导致日本、中国、中国台湾、印尼和其他东亚、东南亚国家的失业率飙升。[15]

第六章 资本主义的未来

经合组织的研究和其他分析还预测，即便未来经济复苏如期而至，这些在大衰退期间消失的工作岗位、福利待遇和社会支出，也可能不会重新出现。这是对未来更深刻的理解。唐·派克在《大西洋月刊》上发表过一篇篇幅冗长，基调灰暗的文章，在特别提及美国的形势时，他指出，当"大衰退似乎要结束时……回归常态似乎遥遥无期"，目前官方公布的失业率为10%（这肯定是被低估的），预计这个数字到2014年都不会下降。当时派克在报道经济学家们的预期，提及这些人深深地相信，市场经济从本质上来说，会越来越焕发出活力。[16]

在一些新闻报道中，人们震惊于失业率长期的居高不下，这反映出这些人没有认识到，这一现象在早先，也就是黄金时代结束时已经露出了苗头。该领域的一个专家在十几年之前就注意到，"从20世纪70年代中期开始，失业率就有比较明显的上升，这标志着一个新阶段的开始"，在这个阶

资本主义的冬天
经济危机和资本主义的失败

段里"高升的失业率反映出,那个充分就业的时代,确定无疑正在远去"。[17]

上述文字来自一份研究论文集,这份研究论文集的编辑在引用这些文字前,还指出"现在失业率只是部分地被经济周期所左右了",20世纪80年代所发生的事情就已经证明,在目前的状态下"经济增长可能与高失业率同时存在"。[18] 这样一来,失业将成为一种"非例外的"(nonexceptional,恩里科·普格利什语)状态。"新颖之处在于,今天的人们已经学会与10%的失业率和平相处,在某些地方,有时候是广大的地区里,面对更高的失业率人们都安之若素",这样一来,失业问题"不一定会造成20世纪30年代那样的、严重的社会状态"。[19] 当然,造成这种情况的原因,不单单是因为高失业率持续的时间长,还因为政府的一些工程使得失业者免于生活匮乏的窘境,而家庭整体收入也在上升,这样单个劳动力失去工作所带来的冲击也能被抵消。

第六章 资本主义的未来

现在看来，美国工人将要经历持续稳定的高失业率，而欧洲人在30年前就开始经历这个状态了，而且在大部分欧洲的案例中，政府进行援助的水平要比美国低得多。这种状态会不会成为一种"新常态"，就和不久前在欧洲所发生的一样？经合组织在2009年的《就业展望》报告中指出：

> 大部分国家向劳动力市场和社会政策投入更多资源，来应对快速升高的失业数字。但资金投入比较有限，政府在面对各种需求时，想要做出最好的应对，却因此面临难以抉择的困境。

长期、结构性的失业与大规模周期性危机的回归相交织，同时政府被迫过度消费财政，使得社会安全网络面临瓦解，国家雇佣岗位也被削减。

这样做的后果已经显现，"拉脱维亚、智利、希腊、保加利亚和爱尔兰发生了五花八门的示威……英国和法国则发

资本主义的冬天
经济危机和资本主义的失败

生了罢工"。[20] 这些抗议以各种不同的形式进行,比如,会或多或少地被一些政党和工会组织所控制,并且伴随着不同程度的暴力,对于现行政治体制产生各种程度的威胁。这些都表明,朝着紧缩目标所采取的行动,会产生不可测的结果。

这些事件让我们想起20世纪30年代的社会抗争。美国人对政治相对不感兴趣,可是当时即便是在美国,也能够看到一群群的失业者,有时候是一大群被动员起来的人,采取直接行动(有时候甚至是暴力行动)来避免被当局驱逐,或者抢劫杂货店分发食物,还在全国范围里或各个地方进行示威抗议要求政府救济,并且通过设置警戒线的方式支持罢工者(在美国,雇主们发现即便在大萧条的最高峰,也很难招到顶替罢工者工作的人)。[21] 尽管如此,一个观察家兼分析师,同时也是一个20世纪30年代的失业者和活动家评述道:
"尽管失业人口庞大,但失业者的行动没能促成真正大规模组织的诞生，也没能长时间地动员起那些巨量的无业人员，也没能让他们经常同时喷发的不满情绪，转变成以劳工运动为形式的政治运动"。[22] 最重要的是，与美国相比，世界其他地方的社会抗争都更难以抵挡住统治阶级发动新世界大战的冲动。

另一方面，上述作者还认为："如果失业的悲惨还伴随着快速增长的一般性苦难，则情况会有根本性的不同"。[23] 最近的一个有趣例子就是2001年阿根廷爆发的社会运动，当时阿根廷面临极端严重的主权债务危机，国际货币基金组织要在这个国家实施紧缩措施，却遭到劳工阶级（同时也是大部分民众）的强烈反对。

连续多任政府被赶下台，失业者组织在其中扮演了重要角色。[24] 但他们的行动之所以能够取得成功，关键在于大背景：社会普遍崩溃，许多人都采取了极端措施，比如工人们突然发难，被资本家抛弃的企业里也有人采取行动。大衰退是社会经济灾难最新、最严重的一次表现,而这场社会经济灾难也同时表现为一个个彼此孤立的部分,这些彼此孤立的部分就产生了上述这些事件。这些事件也让我们想起了在并不遥远的过去,有人试图打造新的社会生产分配结构,这也是自称"左翼"的、统一社会现象的一部分。

"左翼"之后

19世纪后,在资本主义的发展过程中,世界各地的劳动人口不断变成资本主义公司内赚取工资的雇工。这一点马克思在很久以前就已经预见到。经济周期的沉浮使得雇工们的工作和生活条件时好时坏。尽管如此,资本主义的基础在于从工人们的生产活动中榨取利润,这一过程注定了劳工阶层和雇主阶层之间存在基本的利益冲突,最近,这种冲突还伴

第六章　资本主义的未来

随着意识形态和军事上的威胁。人类整体的福祉能否持续，甚至人类能否继续存在，都已经成为疑问。曾经，一些社会运动和社会组织或互相竞争，或互相合作，试图将上述冲突演变成废除资本主义建立新型社会的斗争，在这种新型社会里，产业工人们可以免于被剥削。但现在这些社会运动和社会组织在很大程度上已经消失。

19世纪头10年，"左翼"与工业资本主义同时产生。在整个19世纪中，"左翼"都在成长，并且在20世纪的第一个25年发展到顶点。如今，"左翼"已经不复存在。这个事实在许多不同的描述中都得到了承认：比如"意识形态终结"，也就是说"阶级划分"作为一个社会原则已经消失，20世纪50年代，美国社会学家还为此欢呼雀跃；又比如"单面人"的出现（法兰克福学派"左翼"主要代表赫伯特·马尔库塞提出的一个概念，指那些在发达工业社会中，丧失了自由和创造力，不再想象或追求与现实生活不同的另一种生

资本主义的冬天
经济危机和资本主义的失败

活的人），这个概念诞生于20世纪60年代晚期，"左翼"所发出的比较突出的声音里；再比如"后现代主义"，那是在20世纪80年代一种特别混乱的风尚；还有"历史的终结"，那是东欧垮台后一种在智力上更为孱弱的叙事方式。无论被如何描述，很明显的一点是，无论是大一些的政党，还是小一些的政党，一般来说相对极端的派别已经不再在社会变革中扮演重要角色，过去的那些意识形态和标语口号，在人们的想象中甚至正在逐渐失去吸引力。

过去人们都相信，资本主义不可避免地会制造出反对整个体系的工人阶级，这也是"左翼"首要的观点。有人认为，工人阶级反对资本主义，是以道德为基础的反抗，是对于资本主义明显不公平性的一种反应。更具有说服力的想法来自马克思，他将资本主义视为一种天生就自我矛盾的社会系统，因为以货币为中介的市场交换机制，催生了生产资料私有制，而市场竞争又导致利润的萎缩。与此同时，生产和

第六章 资本主义的未来

分配活动的社会化程度也越来越高,于是矛盾不可避免,最显而易见的就是资本主义成功地提升了劳动生产力,却导致了经济危机和萧条。17世纪和18世纪的革命性变化确立了资本主义在社会和政治上的统治地位,马克思将此作为一个模型,认为现有体制内,制度化的社会权力由资本拥有者把持,而未来的体制将是一个明显的社会化生产体制,并且正在旧体制的体内孵化,新旧体制之间存在冲突。

随着统治阶级和反叛的无产阶级在政治上觉醒,上述冲突也会被赋予一个正式的概念。在劳工阶级组织内,上述冲突会被赋予制度化的形式。而劳工组织最终会与资本主义国家机器争夺社会权力。资本主义经济体制在演化的过程中,经历了一个又一个的危机,劳工阶级也在这一过程中阶段性地经历了贫困,并遭到持续性的剥削,这些都使得上述劳工阶级组织会从一个反抗压迫的组织,转变成一批革命代言人。

资本主义的冬天
经济危机和资本主义的失败

"组织"是"左翼"第二个伟大的概念,"左翼"所有的意识形态分支都秉持着它。在社会民主政党内,它有各种不同的表现形式,大的工会组织也与之息息相关。在无政府主义者中,它表现为一种联合体,或者我们可以看看美国世界产业工人组织的一大联盟;而精英派系被历史赋予操纵、领导广大工人的使命,在他们中间,经常秉持着巴枯宁的无政府主义或者列宁主义。劳工阶级政党以及联盟的扩散和成长,似乎证明了上述理念的合理性。我们可以相信,为了改革而作的抗争,或许会演变成推翻整个体制的斗争。就好像五一国际劳动节,这个节日来自美国,是为了纪念当初为争取每天8小时工作制而进行的示威游行,很快成为国际性的、革命者的节日。历史似乎正在朝着废黜资产阶级社会的方向前进,而这个结果正是资产阶级社会自身成长的结果。很多人认为,资本主义自身也在朝着中心化和资本集中化的方向演变,资本主义的产权和管理权也在互相剥离,在这些变化

第六章 资本主义的未来

里,就能看到资产阶级社会的没落。此外,大型国有和国际经济体试图控制市场的方方面面,一些人认为,这也预示着经济的民主规制即将到来。

第一次世界大战表明,上述图景不过是一场虚幻,当时大型社会主义组织刚刚从国际劳工阶级大团结的誓言中诞生,就参与支持了战争。这次悲惨的崩溃表明,传统的劳工政治运动及团体不是推翻资本主义的先驱,而是资本主义发展的一个方面。资本主义发展到一定程度,就会产生出新型的社会关系,这种关系需要正常化,而正常化的方式就是劳工能够通过组织与外界进行谈判和妥协。劳工政治与劳工运动正好满足了上述需求。

作为"左翼"的一部分,劳工政治与劳工运动也在20世纪里提前宣告了自己的消亡。它们能够拥有一段发展阶段,大概是自由企业制度刚开始成长的时候,随着人们越来越需要国家干预,这个阶段也告一段落。[25]

资本主义的冬天
　　经济危机和资本主义的失败

　　　　在俄罗斯、中欧甚至德国,战争依然导致了革命,这些地区都是工人运动的心脏地带。这些起义结束了战争,并且险些使得社会被激烈地重构,最终迅速被镇压。在欧洲,起义被镇压,是因为大众厌倦了战争,不太愿意以激烈手段保卫自己的利益,与统治当局作战;在俄罗斯,独裁政党承担起将一个欠发达国家迅速现代化的重任,他们迅速镇压了工人自治的企图。北美刚刚蹿升为世界头号经济强权,这里并不存在革命的空间(不过即便在这里,1919年也发生了10万人参与的西雅图大罢工,"参与者和反对者都将之视为某个进程的一部分,通过这个进程,工人们正准备自己来管理工业和社会"26)。不过,战争灾难所释放出的激进建设活动,尽管很短暂,却也显示出革命冲动一旦从传统政治和工会结构中诞生,就会有独立性,不会受后者的左右。27

　　　　10年之后,世界经济崩塌,进入大萧条时代,这一次没有发生革命,却发生了新一次的世界大战。而这一次的世界

第六章 资本主义的未来

大战为新一轮资本主义的扩张开辟了道路。在这一过程中，"左翼"的残余也被扫荡一空，或被吸纳进福利国家的政治里，或成为无足轻重的派别，或成为福利国家中，无足轻重的政治派别，并且为俄罗斯的国家需求服务。

1989年，对于资本主义对立面的幻想破灭了，"'左翼'残余在为俄罗斯的国家需求服务"，这一点起到了一定作用。今天，还能在某些现象中发现"左翼"的残余因子：希腊共产党联盟仍在努力控制、引导工人阶级的抗议，以维系自己在政坛中的一席之地；东德共产党的残余力量仍试图在议会中维持一个有意义的组织；但无论在什么地方，这类组织都没有试图成为新社会主义世界的创立者。在大多数国家里，"左翼"仅仅是指那些秉持凯恩斯主义，并且赞成收入分配政策的政治力量。时至今日，即便是历史上"左翼"的可怜残余，也正在遭遇其极限。在这一演化的过程中，美国越来越不像一个特例，今日已经没有"左翼"的资本主义

资本主义的冬天
经济危机和资本主义的失败

世界的先锋。对于评论家来说，美国长期没有社会主义运动和劳工运动，显得不可思议。

在世界上的大部分地方，已经完成向资本主义的过渡。这种过渡对早先的生活模式造成冲击，也使得19世纪的社会运动风起云涌。表面上，这个体制只要能够良好地移植到一个地方，就不是对旧体制的践踏，而是自然而然地生根发芽。亚当·斯密等启蒙哲学家曾经用自己雄辩的表达能力维护起一些理念：人天生就是市场动物；造物主赋予人们不可分割的个人权利，包括隐私权和财产权；当一个以市场关系为基础的社会形成后，历史就达成了目的，并且终结。这些理念现在在大众的意识中已经成为不证自明的事实了。尽管人们从过去到现在都清楚，他们生活在一个阶级社会中，充斥着压迫和剥削，但上述理念仍然被视为事情自然的发展规律，而不是不可能实现的梦。

与19世纪相比，今天的资本主义本身也发生了翻天覆地

第六章 资本主义的未来

的变化。但大衰退告诉我们，19世纪被诊断出来的问题，现在依然存在，资本主义的变化并没有能减轻这些系统性问题的严重程度。总之，在我们面前正在隐隐展现的危机，可能比上两次大萧条（1873—1893年，以及1929—1939年）更为可怕。农业领域持续工业化，人口也随之城市化，据估计，到2010年，地球人口会有超过一半生活在城市里。上述变化会导致越来越多的人口依赖市场机制的运转，来为他们提供食品和其他生活必需品；[28]达卡、圣保罗以及墨西哥城中大量人口在生存线上下挣扎的情况，会在资本主义发达国家里出现，因为高失业率和政府强制主导的紧缩政策将使得越来越多的人承受苦难，其波及范围不单单是世界的"铁锈地带"，还会是纽约、洛杉矶、伦敦、雅典和布拉格。让我们记住这一点：我们已经看到，主权债务危机的快速发展，表明凯恩斯主义这张牌已经有点被打烂了，即便是用来暂时解决危机中资本主义所暴露出的问题时，也是一样。在新的条

资本主义的冬天
　　经济危机和资本主义的失败

件下，人类不得不去应对资本主义所带来的痛苦。这些新条件包括：用来应对资本主义困境的一种主要手段被耗尽，尤其是"左翼"的消失。

人类的未来

　　由于自身的运转机制，资本主义每隔几十年就会遇到困境，每一次，那些依然能够幸运地赚取工资的人都会遭到打击——收入和工作条件都会恶化。同时，还会发生资本主义企业破产和商业合并浪潮，各经济体乃至各国之间也会爆发越来越激烈的冲突，冲突的焦点在于谁要为上述这些问题承担代价。

　　哪些国家的哪些汽车企业将无法生存，当其他企业接收了他们的资产和市场？哪些金融机构会被无法偿还的债务压

第六章 资本主义的未来

垮，哪些又能够存活下来，吃到全球货币市场更大的那块蛋糕？为了控制原材料，包括可以用来灌溉、饮用的水、石油或农业耕地，会爆发怎样的斗争？所有的政府都在抨击保护主义（或者说，至少它们昨天还在这么做）并且呼吁互相支持和自由贸易，但在实践层面，即便是欧洲这样相对包容的经济联盟，在利益分歧的压力下也开始四分五裂，去年还在为全球一体化叫好的人，今天却郑重其事地呼吁要"买美国货"。

今天的资本主义已经在一个前所未有的程度上成为世界性体系，特别是在苏维埃帝国瓦解后，许多前计划经济国家被纳入世界市场。大量货币脱离各国政府的控制，出于投资和投机的目的在国家间流动，也将各经济体的命运串联在一起。这强化了资本主义体制，全世界都知道这个体制从根子上说，就有不择手段扩张货币持有量的冲动，这也意味着一旦体系中的部分机构发生严重问题，这些问题会迅速传播到

资本主义的冬天
  经济危机和资本主义的失败

全球范围内。资本主义自身为应对这些困难所创造出的解决方案，也同样地会扩散到全球。

传统上，解决方案之一就是战争。全球人民是否愿意向一场新的战争挺进，以获得更好的国际商业利益条款，就像上一次大危机那样？在这方面，欧洲人似乎已经学乖了，无论他们的政府可能在进行怎样的筹划。[29] 而美国人对战争的容忍程度似乎也因为朝鲜战争、越南战争和伊拉克战争而被削弱，他们很快会在阿富汗经历失败，这更会让美国人无法容忍战争。

尽管如此，战争仍然是当代资本主义的日常事务，在政府预算中占据重要的一部分，并且通过各种方式塑造全球人口的经济、社会和政治生活。

这样的观点尽管灰暗，但它们还是遗漏了两个互相矛盾，却彼此相关的因素，而正是这两个因素会对资本主义的未来产生更为可怕的影响：作为能源，石油的产量下降；同时化石燃料的消费导致全球变暖。"尽管投入巨资研究新技术，以发现和重获石油，"一份关于化石燃料系统的研究指出，"但在过去十几年间，非欧佩克国家的常规石油产量仍然在稳定下降，而欧佩克国家的石油生产巨头在近几年内无法大规模提升其产量"。[30] 这是一个极端严重的事态，自从19世纪之交的工业革命以来，资本主义作为一种社会体制之所以能够得到扩张，以化石燃料为基础的技术起到了关键作用。一开始是煤，然后是石油，这些化石燃料为现代化提供了能源，将农业和工业的劳动生产力提升到前所未有的水平，利润这才有可能积累起来，形成越来越庞大的资本。和以往相比，今天的

全球能源输入越发扮演着一个绝对关键的角色，确保大量的机械、运输系统、电脑、灯光和电力网络运转。没有这种能源的持续注入，资本主义积累将立

资本主义的冬天
　　经济危机和资本主义的失败

刻陷入停滞。

而且，我们还不能忘记，石油和天然气的副产品"被用作多种消费品的原料，包括合成服装材料以及塑料家庭用品，还有大量工业上的应用，产生能源只是其中的一种"，[31] 更别提合成肥料和杀虫剂，这些都是当代农业的关键。

上述这些事实所隐含的问题，之所以没有被有效地处理，部分原因在于寻找新能源在技术上有困难：世界上大部分的水力能源已经被开发殆尽；核能开发起来成本昂贵，铀材料供应有限而且产生高毒废料；"新'绿色经济'的基础，也就是风能、地热能、生物质能和光伏太阳能，在世界能源净总产能中所占的比例，分别仅仅为0.3%、0.2%和0.04%"。[32] 此外，资本主义在制定计划时，以短期的利润为导向，这是另外一个原因。目前的经济颓势本身，在造成石油消费下降的同时，也降低了油价，并且使得小的石油生产商出局（这在美国特别明显，在那里，2008年之后有2万名石油工业雇工失去了工作），针对石油领域的投资下降，新的待开发油源自然也无法被发现。很明显，未来的几代人（这个未来距今并不遥远）要想维系资本主义工业的生产模式，获取相应的能源将越来越困难。从长远来看，这将导致劳动生产力的下降，除非整个商品生产和分配体系被彻底重构——甚至于这种彻底重构发生了，也无法避免劳动生产力的下降。同时，我们也可以预期，现存和崛起中的工业经济体为了控制能源供应，相互间可能会爆发破坏性的冲突，比如针对伊拉克油田的争夺。这里的油田储量丰富，开发程度不足，围绕它所展开的冲突如火如荼，至今没有结果。

要维系现行能源体制，就要越来越多地使用高污染燃料（比如煤和焦油砂油）以代替产量下滑的高品质石油，这些都只会加重气候变化。目前人们普遍认为，气候变化是二氧化碳排放造成的。所谓"人类活动造成气候变化"，其

资本主义的冬天
  经济危机和资本主义的失败

原因不是笼统的"人类活动",而就是"资本主义经济的增长"。

比如,从统计学上来看,人口本身的增长对大气二氧化碳的浓度,并没有产生让人能够察觉的影响,但有有力的"证据表明,从统计学上看,全球GDP每年的增长对于每年二氧化碳大气浓度的变化,有着切实而重大的影响";特别是,"全球GDP每增长1万亿美元,二氧化碳浓度就提升两百万分之一"。这样一来,全球GDP的增长率"现在就成了一个指标,让人们能够知道经济活动在多大程度上破坏了环境"。[33]

不过,即便持续的经济停滞能够减缓温室气体造成的气候变化,已经造成的损害还是极端严重的。《灾难现场说明》是一名作者撰写的文章,里面没有夸张的成分,完全是清晰的信息说明。[34] 冰川融化威胁的不仅仅是瑞士的景色,还有整个人类的水源供给,包括巴基斯坦和安第斯山脉流域；干旱在澳大利亚等国肆虐多年，已经给这些国家的农业造成了严重损失；同时，洪水还在周期性地毁灭南亚低地上千万人民的家园。不幸的是，灾难的队列才刚刚开始露头，与之相伴的，是停滞的经济，而如果真正的繁荣回归了，灾难只会更加严重。

上述社会压力目前正在展现影响，未来必然带来的后果是：经济的下滑（无论这种经济下滑是如何周期性的变化）将导致社会体系的危机，而不仅仅是一个经济问题，因为这些问题的产生，是基于物理和化学定律的。[35] 石油供给剧烈增加以及气候变化灾难必然导致社会生活发生重大变化，如果连这都不能带来变化，那么很难想象还有什么东西能。这个理念对于我们中的一些人而言，可能显得不那么正确。这些人在生命中的大部分时间里，都享受着战后资本主义所创造的物质繁荣。对于纽约和布宜诺斯艾利斯的居民来说，他们很难理解被战火蹂躏的刚果民众，正在经受着怎样的苦难

资本主义的冬天
经济危机和资本主义的失败

和惊恐。

但这也只是说明我们的想象力是何等贫瘠,而不是说我们将要面临的挑战是不真实的。2010年BP钻井平台的石油汹涌流入墨西哥湾,这场地区性的灾难或许能让我们更容易理解这一点。

在考虑资本主义的未来时,最大的不确定因素是:全球民众对于社会体制困境给他们生活所造成的损害,到底能有多大的容忍度?人们在面对地震、洪水和战时破坏之类灾难时的表现,充分证明了他们能够在日常社会生活模式崩溃时,作出建设性的反应,提出临时性的解决方案,以在肉体上和精神上熬过艰难时期。查尔斯·弗里茨在第二次世界大战时任美国陆军上尉,驻扎在英国。当时盟军对德国的城市狂轰滥炸,他就着重研究了面对可怕的轰炸时,德国居民的反应。1950年,他成为德拉维尔大学灾难研究项目的副主任。在他的文章里,弗里茨着重指出,人们在面对灾难时在

社会学上和心理学上会作出积极反应,他注意到:

> 危险、失去、被剥夺,当所有人都要经历这些苦难时,这些苦难反而在幸存者群体中创造出一种亲密的关系,以及集体优先的团结。这些情感能帮助人们克服社会孤立,提供亲密沟通和表达的渠道,也是身体和情感上得到支持及安全感的主要来源……灾难导致了某种形式的社会冲击,使得人们习惯性、制度化的行为模式被打破,让人们更愿意接受社会和个人的变化……在旧体制下,人们有许多愿望无法实现,只能压抑着,而现在他们找到了实现这些愿望的机会……比如消除旧的不平等和不公正的机会。[36]

弗里茨观察到,传统上"正常"与"灾难"之间所形成的对比,几乎总能使日常生活里经常出现的压力被忽略,或者最小化。弗里茨认识到:"从历史上一直持续,并且越来

资本主义的冬天
经济危机和资本主义的失败

越多的政治社会分析表明,现代社会在满足每个人最基本的社区认同需求方面,是失败的。"[37] 丽贝卡·索尔尼在研究人们对于灾难的反应时,重新发现了弗里茨的工作成果,她说道:

> 经济灾难在表面上和自然灾难完全不同。这种灾难摧毁的东西都是非物质的、抽象的,但其后果却是实实在在可以感受到的:它造成艰难、甚至紧急的情况,日常生活也被颠倒,人们以意想不到的方式聚集在一起,各自的地位也发生了变化,并且经常性地不得不采取集体主义行动。[38]

很明显的是,人们将在不久的未来再度有充分的机会探寻上述可能性,如果他们想要以一种切实的方式来提升自己的生活条件,那么经济崩溃就是他们所需要的。现在,他们还在眼巴巴地等待着据说必然会回归的繁荣,但到了某个时

第六章 资本主义的未来

候,成百万刚刚失去住处的流浪者,和20世纪30年代他们的前辈一样,或许就会开始把目光转向那些已经无法被抵押者赎回的空房间,还有卖不出去的消费品以及堆成山的政府食品,他们还会看着那些他们要赖以生存的物资。然而,简单地拿走、享用那些房屋、食品和其他商品,而不顾付钱交货的经济规则,这本身就意味着一种全新的社会存在模式。

雇主和雇员之间的社会关系是互相依赖,而又存在固有矛盾的。这种劳资关系目前已经成为全球所有国家的基本社会关系。它将决定人类在未来的行事方式。

毫无疑问的是,就和过去一样,工人们会要求各行业或者政府为他们提供工作,但如果各行业能够在获取利润的条件下雇佣工人,那么它们早就这么做了;而后者现在也面临着主权债务的极限。失业率持续上升,或许在工人们看来,无论有没有工作,工厂、办公室、农场、学校和其他工作场所就在那里,即便运转起来无法产生利润,但还是可以投

资本主义的冬天
经济危机和资本主义的失败

入使用，生产人们所需要的商品和服务。即便没有充足的工作，也就是说没有足够的、付工资的雇佣关系，来为商业领域或国家服务，但还是有很多事情要做。毕竟，抛开商业经济所产生的压力，人们还是要为自己组织生产和分配。

社会关系的这种剧变将自然地遭到抵抗——那些在现有体制下，在经济上和政治上都具备统治性地位的人，是不会对这种事情无动于衷的。因为这种剧变将导致他们失去权力，失去特权，即便从更广泛的范围来看，资本主义的终结将导致所有人生活状态的提升，他们也不会容忍自己个人的损失。（凯恩斯曾经说过一句著名的话："从长远来看，我们都死了。"）丽贝卡·索尔尼在她关于灾难反应的研究文章里提到，国家当局在灾难降临时，是反对公民组织互助的。政府还会派出警察和军队，避免草根自助组织的形成壮大，即便这种自助组织存在的目的，仅仅是生存下去，而不是对社会进行激烈的变革。无论是在集权国家，还是在民主国家，底层群众权威的形成，都会对现有权力形成直接威胁，无论相关人员是否具有野心。而对于经济秩序的威胁，肯定也会遭遇压制：比如雅典反对紧缩政策的抗议者，南非罢工的政府雇员，还有伦敦的学生，近些年来为了对付他们，已经动员起一定的军事和警察力量，而且当局还在采取更多的手段来达到目的。

另一方面，所谓"另一个世界"对现有世界的统治者构成了威胁，而且它不仅仅是一个美好的概念，更是已经扎根于现有社会体制之中。在资本主义诞生的世界里，亚当·斯密在1776年就指出，每一个个人的福祉都系统性地依赖于其他人的活动，当时资本主义正在呱呱坠地。这张互相依赖的网络现在通过以钱换物的市场交换形式运转，但它也同样存在于这样一个体系的运作机制中：生产技术部门需要从本体系的其他部分中，持续不断地吸收原材料、能量和工人，制造出巨量的商品和服务，提供给全球大量的消费者。19世纪

资本主义的冬天
　　经济危机和资本主义的失败

　　社会预言家所说的"劳动联邦"真的存在，但这种存在被市场交换网络给掩盖、模糊掉了，这种网络是对现实中生产和分配体系的复制和模糊。

　　2007年，金融领域里的垃圾击中了电风扇旋转的叶片，至少在美国，每一个能够在媒体上发声的人，从总统到"左翼"评论家、《左翼商业观察家》的道格·亨伍德之流，都认为政府必须向银行注入资金避免这些银行破产，否则整个经济就会崩溃。然而，当时的经济无论如何都会滑向萧条的深渊，除了这一点外，反对向银行注资的观点更接近事实：如果整个金融体系瓦解掉，那么货币就不会再成为驱动生产车轮的力量之源，整个社会的生产设施，包括机器、原材料和最重要的工人，是依然存在的，而生产设施所要满足的人类需求，也是存在的。人们越快理解这一点便越好，因为我们面临的是长期经济停滞所带来的必然灾难，甚至还有更糟糕的。尤其是当经济停滞与生态灾难结合起来时，我们最终

第六章 资本主义的未来

需要建立一个全新的体制,来生产和分配商品及服务。

"左翼"在历史上的消失,也有积极的一面,这也与上述未来事态可能的发展有关。"左翼"组织认为,自己的存在和影响力是所有革命斗争胜利的关键,他们一般会阻止大规模被动员起来的群众去探索新的理念和行动模式。但无论如何,组织起来的"左翼"主要的活动形式,包括政党、联盟以及激进派别等,曾经在现代资本主义的发展过程中扮演过某种角色,有时候还是很重要的角色。但现在,它们已经不再起到任何作用。因此,人们将不得不去探寻某种新的组织活动形式,这样才能在资本主义崩溃之际,建立一个新的社会体制。19世纪的一些名词,类似"社会主义""共产主义"和"无政府主义"与现在已灰飞烟灭的"左翼"有着密切联系。而"左翼"那些看上去鼓舞人心的愿景,在历史上却一直与"概念缺陷"和"制度怪物"纠葛不清。因此,这些"左翼"名词在命名前述新体制时或许不再能起到什么

资本主义的冬天
经济危机和资本主义的失败

作用。这个新体制就是"另一个世界",也是全球示威者所呼吁能够出现的,对于人类福祉来说,这或许是最有必要的选项。无论这个新体制叫什么,它都必须先废黜控制生产者和实施生产者之间的差别,要做到这一点,就先要把现行的以市场货币交易(包括劳动力的买卖)为基础的社会体制给替换掉,代之以某种能够适应全球经济体系的、共同的社会决策模式。即便资本主义内部固有的经济难题能够因此被克服掉,资本主义所产生的生态问题当然还会依旧存在。这就需要具有创造力的人类运用其全部能量去解决问题,而这种能量,只有通过激烈的社会变革才能释放出来。但很明显的是,如果要让人类的未来是我们所渴望的未来,我们的行动就必须凌驾于目前日益紊乱的现行体制让。这种体制屈从于私人企业赚取利润以及资本积累的冲动,而这种冲动,正是我们最近所经历的、危机的根源。

References

参考文献

Preface

1. James K. Galbraith, 'Who Are These Economists, Anyway?', *Thought & Action*, 25 (2009), p. 95.

2. Galbraith dismisses contemporary Marxists for their 'focus on the "real economy", as opposed to finance, which 'means that the radical tradition does not truly provide a theory of *financial crisis*' (ibid., pp. 88–9). However true this may be for today's Marxists—the distinction between 'real' and 'financial economy' really derives from Keynes, a major influence on academic Marxist economics—it does not hold for Marx himself.

3. For anyone in danger of taking economic statistics for literal truths, Oskar Morgenstern's classic *On the Accuracy of*

资本主义的冬天
经济危机和资本主义的失败

Economic Observations, 2nd edn (Princeton, NJ, 1963) is indispensable.

1 What Happened?

1. Richard A. Posner, the us appeals court judge and economic pundit, called the downturn a depression in his book, *A Failure of Capitalism*; more significantly, economists Barry Eichengreen and Kevin H. O'Rourke insisted in 2009, on the basis of a careful review of data, that 'it's a depression alright', pointing out that '[f]ocusing on the us causes one to minimize [the] alarming fact' that 'globally we are tracking or doing worse than the Great Depression' (At www.voxeu.org/index. php?q=node/3421, last accessed 10 November 2010).

2. Paul Krugman, 'Reform or Bust', New York Times (20 September 2009). It was with more solicitude for banks that Fed

chairman Bernanke described the Obama government's decision to limit salaries at some financial firms receiving federal handouts as a way 'to ensure that compensation packages appropriately tie rewards Business as Usual to longer-term performance and do not create undue risks for the firm or the financial system'. 'Fed to Monitor Pay of Bankers to Curtail Risk', *New York Times* (23 October 2009), p. 1.

3. The idea of an undervalued renminbi, much harped upon in American economic commentary, may in fact be something of an exaggeration; see Tao Wang, 'Exchange Rate Dynamics', in Eswar Prasad, ed., *China's Growth and Integration into the World Economy: Prospects and Challenges* (Washington, DC, 2004), pp. 21–8.

4. 'Asia's Revenge', *Financial Times* (8 October 2008).

5. Martin Wolf, *Why Globalization Works* (New Haven, CT, 2004),

p. 184.

6. Robert E. Lucas Jr, 'Mortgages and Monetary Policy', *Wall Street Journal* (19 September 2007), p. 20.

7. For example, 'Post-Keynesian' economist Paul Davidson argued that while 'Keynes won the policy battles of the first three decades after the publication of The General Neory', in terms of dominant theory "Keynesians" had erected a 'neo-classical synthesis' microfoundation to Keynes's macroeconomics which could not logically support Keynes's general case'; *International Money and the Real World, 2nd edn* (New York, 1992), p. 66. While true, this did not prevent Paul Samuelson, leading producer of the neoclassical synthesis, from garnering a Nobel Prize, top status among professional economists, and a large extra income from his widely assigned economics textbook.

8. At www.nytimes.com/2009/09/06/magazine/ 06Economic-t.html

(last accessed 20 December 2010)

9. *Financial Times* (5 August 2009).

10. Todd A. Knoop, *Recessions and Depressions: Understanding Business Cycles* (Westport, CT, 2004), p. 125.

11. G. Cooper, *The Origin of Financial Crises* (New York, 2008), p. 93.

12. For brief versions of the argument, see David Kotz, 'Crisis and Neoliberal Capitalism', Robert Pollin, 'We're All Minskyites Now' and Steve Keen, 'The "Credit Tsunami"', in Gerald Friedman et al., *The Economic Crisis Reader: Readings in Economics, Politics, and Social Policy from Dollars & Sense* (Boston, MA, 2009), pp. 34–50.

13. David Harvey, *The Enigma of Capital and the Crises of Capitalism* (London, 2010), p. 117. More or less the same argument is made by Engelbert Stockhammer in 'Neoliberalism,

Income Distribution and the Causes of the Crisis', *Research on Money and Finance*, 19 (at www.researchonmoneyandfinance.org/discussion-papers, last accessed 10 November 2010) and, without Marxist flourishes, by former Secretary of Labor Robert Reich in 'How to End the Great Recession', *New York Times* (3 September 2010), p. A21. For a discussion of Harvey's confusion of Marxian and Keynesian theory, see my review of his *The Limits to Capital, in Historical Materialism*, 16 (2008), pp. 205–32.

14. 'China raises estimate of economic growth in 2009 to 9.1%', New York Times (3 July 2010), p. B2; Brice Pedroletti, 'Quand la Chine se ruinera ...', *Le Monde* (22 June 2010), p. 3.

15. Robert Brenner, *Economía de la turbolencia global* (Madrid, 2009); an English version of the prologue to this publication, from which I quote, is available at http://escholarship.org/uc/

item/0sg0782h under the title 'What is Good for Goldman Sachs is Good for America: The Origins of the Current Crisis' (last accessed 10 November 2010), p. 62.

2 Ups and Downs

1. Cited by the Baltimore Niles Weekly Register, xlviii/1233 (9 May 1835), pp. 167–8; in John Sperling, *Great Depressions, 1837–1844, 1893–1898, 1929–1939* (Glenview, IL, 1966), p. 26.
2. Ibid., p. 32.
3. Ibid., p. 57.
4. For a good introduction, see Maurice Flamant and Jeanne Singer- Kérel, Modern *Economic Crises and Recessions* (New York, 1970).
5. Commentators give different dates for the duration of the Great Depression. With reference to the us, for example, some

interpret the upturn of 1933 as its conclusion, to be followed by another recession in 1937–8; others, ascribing the 1933–6 recovery to three years of government stimulus spending, find the true end of the depression in the expansion made possible by the start of massive war production in 1939. Of course, the latter was, economically speaking, just another form of stimulus, though one more acceptable than earlier New Deal measures because it funnelled money to corporations rather than directly to jobless workers, and because the war laid the basis for American dominance of the world economy. It was not until 1946 that the capitalist economy was once more able to expand without essential dependence on government spending. For an outstanding history, see Broadus Mitchell, *Depression Decade: From New Era through New Deal*, 1929–1941 (New York, 1947).

参考文献

6. Todd A. Knoop, *Recessions and Depressions. Understanding Business Cycles* (Westport, CT, 2004), pp. 8, 3.

7. Prix Bordin, Section d'économie politique et statistique, *Académie des sciences morales et politiques, Séances et travaux* (Paris, 1860), p. 186.

8. C. Juglar, Des Crises *Commerciales et de leur retour périodique in France, en Angleterre, et aux États-Unis* (Paris, 1862), p. vii.

9. Gottfried von Haberler, *Prosperity and Depression: A Neoretical Study of Cyclical Movements* (Geneva, 1937).

10. J.–C.–L. Simonde de Sismondi, *New Principles of Political Economy: Of Wealth in Its Relation to Population*, trans. Richard Hyse (New Brunswick, NJ, 1991), p. 2.

11. George A. Akerlof and Robert J. Schiller, *Animal Spirits: How Human Psychology Drives the Economy, and Why It Matters for Global Capitalism* (Princeton, NJ, 2009).

12. Christina Romer, 'Business Cycles', *The Concise Encyclopedia of Economics*, at www.econlib.org/library/Enc/BusinessCycles.html (last accessed 20 December 2010).

13. Haberler, *Prosperity and Depression*, pp. 167–68.

14. Michael von Tugan-Baranowski, *Studien zur Neorie und Geschichte der Handelskrisen in England* (Jena, 1901).

15. W. C. Mitchell, *Business Cycles: The Problem and Its Setting* (New York, 1927), pp. 2, 1.

16. Ibid., p. 2.

17. Ibid., p. 75.

18. Ibid., p. 106.

19. Ibid., p. 107.

20. One reason for the iffy nature of economic statistics is the highly theory-driven nature of many of the calculations involved in the creation of GDP data; for example, owner-occupied housing

is treated as 'worth' the amount that would have been paid to rent it. In this connection, chapter Fourteen, 'National Income Statistics', in Oskar Morgenstern, *On the Accuracy of Economic Observations*, 2nd edn (Princeton, NJ, 1963), is particularly instructive.

21. Economics began, in fact, with the study of the economy as a whole, most notably in the works of the French 'Physiocrats', who influenced the classical economists in their attempts to understand the conditions regulating the 'wealth of nations', as Adam Smith called what is now known as national income. Classical theory was in turn the stepping-off point for Marx's analysis of capitalist economic development. Keynes's macroeconomics was thus a novelty only in relation to the neoclassical restriction of inquiry to the economic behaviour of individual households and firms.

22. John M. Keynes, *The General Theory of Employment, Interest, and Money* (New York, 1936), pp. 23–4.

23. Ibid., p. 27.

24. Philip Mirowski, *More Heat Than Light. Economics as Social Physics, Physics as Nature's Economics* (Cambridge, 1989), p. 307. Or, in the words of an earlier account, 'By stressing consumption and income, [Keynes] in effect removed the spotlight from the determinants of investment and accumulation, the phenomena which every major theorist before him had identified as the critical variables in macroeconomic instability'; Philip Mirowski, The Birth of the Business Cycle (New York, 1985), p. 113.

25. Mitchell, *Business Cycles*, pp. 145, 173.

26 Ibid., p. 173. In an earlier book, Mitchell explained crises as produced when 'profit margins are threatened by the

encroachments of costs, when these encroachments cannot be offset by further advances in selling prices, and when the rate at which profits are capitalized is reduced by the rise in interest', without explaining why these negative factors are bound to operate recurrently; Wesley C. Mitchell, *Business Cycles and Their Causes* [1913] (Berkeley and Los Angeles, ca, 1941), p. 71.

27. Hyman P. Minsky, 'The Financial Instability Hypothesis' [1977], in *Can 'It' Happen Again? Essays on Instability and Finance* (Armonk, NY, 1982), pp. 63, 65. Minsky appears unaware that what he considers his theory of financial instability was elaborated already in 1913 by Mitchell, who similarly located the trigger for crisis in the inability of businesses to secure new loans in the face of falling profits.

28. Oliver Blanchard, Changyong Rhee and Lawrence Summers,

'The Stock Market, Profit, and Investment', *Quarterly Journal of Economics* (February 1993), pp. 115-136.

29. José A. Tapia Granados, 'Economists, Recessions, and Profits', *Capitalism, Nature, Socialism*, xxi/1 (2010), pp. 115–116.

3 Money, Profit and Cycles

1. We might just as well have consulted *The Penguin Dictionary of Economics* by G. Bannock, R. E. Baxter and R. Rees (2nd edn, Harmondsworth, 1978): Money is 'anything which is generally acceptable as a means of settling debt', while debt is a 'sum of money or other property owed by one person or organization to another'. 2 Adam Smith, *The Wealth of Nations*, vol. I (Oxford, 1976), pp. 22–3.

3. Ibid., pp. 26–7.

4. Sorstein Veblen, *The Theory of Business Enterprise* [1904] (New

York, 1965), pp. 84–5.

5. Readers acquainted with the critique of political economy will recognize in the above an (extremely condensed) restatement of Karl Marx's analysis of money in capitalism; see *Contribution to the Critique of Political Economy* (various editions) and Capital, I/1 (various editions). For an extremely lucid explanation of Marx's ideas, see Martha Campbell, 'Marx's Theory of Money: A Defense', in *New Investigations of Marx's Method*, ed. Fred Moseley and Martha Campbell (Atlantic Highlands, NJ, 1997), pp. 89–120, and 'The Credit System', in *The Culmination of Capital: Essays on Volume III of Marx's 'Capital'*, ed. Martha Campbell and Geert Reuten (London, 2002), pp. 212–27.

6. Veblen, *The Theory of Business Enterprise*, p. 85.

7. Marx notes that because of the dynamic complexity of the economic system this feature of money is 'not a defect'; 'on

the contrary, it makes this [representation] the adequate one for a mode of production whose laws can only assert themselves as blindly operating averages between constant irregularities'; *Capital*, vol. I, trans. Ben Fowkes (Harmondsworth, 1976), p. 196.

8. It is for this reason that Marx invented the concept of 'surplus value' to signify the excess over the production costs, in social labour time, of goods and services, treating profit, interest and rent as portions of this quantity.

9. Interest rates, measuring a deduction from business profits to pay for borrowed money, can in contrast be manipulated to a degree by government authorities, apart from their responsiveness to the forces of supply and demand for loans.

10. Angus Maddison, *Monitoring the World Economy, 1820–1992* (Paris, 1995), p. 36. To take a particularly striking example of

this development, the General Motors factory in Lordstown, Ohio cost $100 million to build in 1966, when it was the most automated automobile factory in the world; in 2002, GMspent $500 million to modernize the plant, which permitted reducing the workforce from 7,000 to 2,500.

11. See Marx, *Capital*, III/3 (various editions).

4 After the Golden Age

1. Maurice Flamant and Jeanne Singer-Kérel, *Modern Economic Crises and Recessions* (New York, 1970), pp. 76–7.

2. Barry Eichengreen, *The European Economy Since 1945: Coordinated Capitalism and Beyond* (Princeton, NJ, 2007), pp. 55, 56. 3

   Ibid., p. 58.

4. Ibid., pp. 55, 59.

5. In South Korea, similarly, 'foreign assistance—mostly US aid—provided more than half the total resources available for capital accumulation in every year from 1955 to 1962...': Steven R. Shalom, 'Capitalism Triumphant?' in Zeta, 1989, p. 95.

6. Angus Maddison, *The World Economy in the 20th Century* (Paris, 1989), p. 34.

7. Tom Kemp, *The Climax of Capitalism: The US Economy in the Twentieth Century* (London, 1990), p. 132.

8. In economist-bureaucratese: 'Increased expenditure on income maintenance reflects those concerns for social solidarity and consensus-building which have found expression in the maturing of the welfare state': Peter Saunders and Friedrich Klau, *The Role of the Public Sector, OECD Economic Studies*, 4 (1985), p. 19.

9. Maddison, *The World Economy*, p. 69.

10. Philip A. Klein, *Business Cycles in the Postwar World: Some Reflections on Recent Research*, Domestic Affairs Study, 42 (Washington, DC, 1976), pp. 2–3.

11. For a detailed account, see Herbert Stein, *The Fiscal Revolution in America* (Chicago, IL, 1969), chaps 11–13.

12. Joyce Kolko, *Restructuring the World Economy* (New York, 1988), p. 19.

13. William D. Nordhaus, 'The Falling Share of Profits', *Brookings Papers on Economic Activity*, 1 (Washington, DC, 1974), p. 169. Cp. T. P. Hill, *Profits and Rates of Return* (Paris, 1979). In 'Is the Rate of Profit Falling?' Martin Feldstein and Lawrence Summers used rather unconvincing methods to argue against the conclusion from their own data of a small but steady trend decline in profitability between 1948 and 1976; while noting that '1970 to 1976 has generally been a period of unusually low rates

of return' they speculated hopefully that 'the fall in the return is itself likely to be temporary' (paper presented at the Brookings Panel on Economic Activity in April 1977, pp. 23, 26).

14. Eichengreen, *The European Economy*, p. 271.

15. Hyman P. Minsky, *Stabilizing an Unstable Economy* [1986], (New York, 2008) pp. 17–18, 27, 31.

16. Kemp, *The Climax of Capitalism*, p. 184.

17. *New York Times* (13 July 1986).

18. See Joseph A. Pechman, *Who Paid the Taxes*, 1966–85 (Washington, dc, 1985).

19. Robert Brenner, 'What is Good for Goldman Sachs is Good for America: The Origins of the Current Crisis', p. 6.

20. See Kolko, *Restructuring the World Economy*, p. 70.

21. Paolo Giussani, 'Empirical Evidence for Trends Toward Globalization. The Discovery of Hot Air', *International Journal*

of Political Economy, XXVI/3 (1996), p. 31.

22. Though, as enthusiast of globalization Martin Wolf notes, 'globalization is considerably more limited than [its] critics suppose. In some respects the global economic integration is no more than it was a century ago before the breakdown that occurred between 1914 and 1945. In some ways it is considerably less': *Why GlobalizationWorks* (New Haven, CT, 2004), p. 95. For data confirming this judgement, see Giussani, 'Empirical Evidence'.

23. Giussani, 'Empirical Evidence', p. 30. In 2006 two-thirds of total global foreign direct investment went to developed economies; the European Union alone accounted for 40 per cent of global FDI: Philip McCann, 'Globalization, Multinationals, and BRICS', in *Globalization and Emerging Economies: Brazil, Russia, India, Indonesia, China and South Africa*, ed. Raed

Safadi and Ralph Lattimore (Paris, 2008), p. 91.

24. McCann, 'Globalization, Multinationals, and BRICS', p. 84.

25. Celso Furtado, 'Transnationalization and Monetarism', *International Journal of Political Economy*, XVII/1 (1987), p. 30.

26. Quoted in Jonathan R. Laing, 'The Bubble's New Home', *Barron's* (20 June 2005).

5 Appropriate Policies

1. 'When Will the Recession Be Over?' *New York Times* (1 March 2009), p. 12.

2. See, for example, 'No Clear Accord on Stimulus By Top 20 Industrial Nations', New York Times (15 March 2009), p. 1. 3 'Pledges to Aid Weak Nations in Europe Near $1 Trillion': *New York Times* (10 May 2010), p. 3.

4. 'A Trillion for Europe, With Doubts Attached', *New York Times* (11 May 2010), p. b4.

5. 'While Everyone Fiddles', *New York Times* (13 March 2009), p. 26.

6. As did the more than 200 economists, including Nobel laureates James Buchanan, Edward Prescott and Vernon Smith, who signed an advertisement appearing in the *New York Times* on 28 January 2009: 'Notwithstanding reports that all economists are now Keynesians and that we all support a big increase in the burden of government, we do not believe that more government spending is a way to improve economic performance. More government spending by Hoover and Roosevelt did not pull the United States economy out of the Great Depression in the 1930s... Lower tax rates and a reduction in the burden of government are the best ways of using fiscal policy to boost

growth.'

7. Hence Paul Krugman's cheery economist's description of the effect of the war, with its 50-60 million dead, as 'the miracle of the 1940s'. *New York Times* (6 September 2010), p. a19. See Paul Mattick, 'The Great Depression and the New Deal', in *Economics, Politics, and the Age of Inflation* (London, 1978), pp. 114–42.

8. See Adam Tooze, *The Wages of Destruction: The Making and Breaking of the Nazi Economy* (New York, 2006), esp. pp. 62–5, 206.

9. 'While Roosevelt had broken with the budget-balancers and resumed spending, he still [in 1938] had not embarked on the kind of massive spending which the Keynesians called for... The Keynesian formula for gaining prosperity by deliberately creating huge deficits year after year seemed to defy common

sense. Roosevelt was willing to contemplate limited, emergency spending, but halfway measures of this sort antagonized business and added to the public debt without giving a real fillip to the economy': William E. Leuchtenburg, Franklin D. Roosevelt and the New Deal (New York, 1963), p. 264.

10. Ibid., p. 244.

11. David Leonhardt, 'Pulling Back, amid Echoes of the 1930s' *New York Times* (30 June 2010), p. 3.

12. 'G-20 Countries Agree to Halve Their Budget Deficits', *New York Times* (28 June 2010), p. b7.

13. Peter Saunders and Friedrich Klau, *The Role of the Public Sector: Causes and Consequences of the Growth of Government*, OECD Economic Studies 4 (1985), p. 11.

14. Ibid., p. 12.

15. Ibid., p. 13.

16. Vito Tanzi and Ludger Schuknecht, *Public Spending in the 20th Century: A Global Perspective* (Cambridge, 2000), p. 20.

17. Ibid., p. 46.

18. Martin Jänicke, State Failure: *The Impotence of Politics in Industrial Society*, trans. Alan Braley (University Park, PA, 1990), p. 78.

19. Susan Strange, *The Retreat of the State: The Diffusion of Power in the World Economy* (Cambridge, 1996), p. 76.

20. *Pace* Martin Wolf, for whom the word 'is an incomprehensible piece of neo-Marxist jargon' (*Why GlobalismWorks*, (New Haven: Yale University Press, 2004) p. 95), 'neoliberalism' works as well as any other term to refer to the post-war combination of *laissez-faire* ideology (and a rather high level of openness on trade and finance) with historically high levels of state

involvement in the economy and an important economic role played by international entities like the World Bank and the IMF.

21. As a study prepared for the Bank for International Settlements put it, 'the existence of a higher level of public debt is likely to reduce both the size and the effectiveness of any future fiscal response to an adverse shock. Since policy cannot play its stabilizing role, a more indebted economy will be more volatile. This was evident during the latest crisis': Stephen G. Cecchetti, M. S. Mohanty and Fabrizio Zampoli, 'The Future of Public Debt: Prospects and Implications', bis Working Papers, 300 (March 2010), p. 14.

22. 'IMF Warns That US Debt Is Sreatening Global Stability', *New York Times* (8 January 2004), p. 1.

23. 'Rising Interest on Nations' Debt May Sap Growth', *New York*

Times (4 June 2009).

24. Somas Brand and Marcos Poplawski Ribeiro, 'La soutenabilité des finances publiques', in *L'économie mondiale* 2010, ed. c epii (Paris, 2009), p. 72.

25. 'Sinking in Debt', *New York Times* (21 October 2009), p. b4.

26. 'Moody's Says US Debt Could Test Triple-A Rating', *New York Times* (16 March 2010), p. B1.

27. Harold G. Moulton, *Controlling Factors in Economic Development* (Washington, DC, 1949), p. 136.

28. Hyman P. Minsky, *Stabilizing an Unstable Economy*, p. 31.

29. Ibid., p. 30.

30. Ibid., p. 39.

31. In the words of President Raúl Castro, 'We have to erase forever the notion that Cuba is the only country in the world where one can live without working.' 'Cuba's Public-Sector Layoffs signal

Major Shift', *New York Times* (14 September 2010), p. A1.

32. 'Saab on the Brink as Swedish Crisis Reaches Deadlock', *The Telegraph* (19 February 2009).

33. Paul Krugman, 'Fighting Off Depression', *New York Times* (4 January 2009).

34. Cecchetti et al., 'The Future of Public Debt', p. 6.

35. Hence the conclusion of the bis economists that 'persistently high levels of public debt will drive down capital accumulation, productivity growth and long-term potential growth' (ibid., p. 16). According to IMF analysts in the so-called recovery year of 1985, the years after 1983 saw 'historically unusual proportions of private saving being absorbed by the financing of government deficits... [and] significantly lower proportions absorbed by gross private domestic investment... than during earlier recoveries': International Monetary Fund, *World Economic*

Outlook 1985, pp. 102–3.

36. Broadus Mitchell, *Depression Decade: From New Era through New Deal*, 1929–1941 (New York, 1947), p. 48.

37. For a thorough exploration of this issue, see Paul Mattick, *Marx and Keynes: The Limits of the Mixed Economy* (Boston, MA, 1967).

38. Jänicke, *State Failure*, pp. 24–5. 'Of course', Jänicke adds, 'they get the credit if the economy prospers' (p. 25).

6 The Future of Capitalism

1. 'US Offers a Hand to Those On Eviction's Edge', *New York Times* (22 April 2010), p. 1.

2. In a surrealistically poetic development, some investors have found a speculative opening in the very threat of capitalistically generated catastrophe: 'Investors, still reeling from one disaster,

are betting on the likelihood of another. Amid the volatility in the markets, wealthy individuals and big institutions are flocking to hedge funds that buy so-called catastrophe bonds and other investments tied to the probability of Gulf Coast hurricanes, Japanese earthquakes, large snowfalls in Canada and other natural disasters.' 'Looking to Diversify, Investors Bet on Catastrophe Bonds', *New York Times* (7 January 2011), p. B4.

3. Cit. Mike Davis, *Planet of Slums* (London, 2006), p. 163.

4. Paul Krugman, 'The Joyless Economy', *New York Times* (5 December 2005).

5. 'A New World Economy: The balance of power will shift to the East as China and India evolve', *Business Week* (22 August 2005). The numbers are more indicative than exact; the IMF pegs China's growth at 'almost 8 percent': Eswar Prasad and Thomas Rumbaugh, 'Overview', in *China's Growth and*

Integration into the World Economy. Prospects and Challenges, ed. Eswar Prasad (Washington, DC, 2004), p. 1, while an OECD researcher figured China's growth rate at 10.2 per cent and India's at 9.2 per cent in 2005: Philip McCann, 'Globalization, Multinationals, and BRICS', in *Globalization and Emerging Economies: Brazil, Russia, India, Indonesia, China and South Africa,* ed. Raed Safadi and Richard Lattimore (Paris, 2008), p. 99.

6. McCann, 'Globalization', p. 77.

7. Prasad and Rumbaugh, 'Overview', p. 1.

8. McCann, 'Globalization', pp. 77, 103.

9. Peter d'A. Jones, *The Consumer Society: A History of American Capitalism* (Harmondsworth, 1965), p. 173.

10. P. S. Filipov, an economist elected to the Leningrad city council in 1990, expressed the new spirit with elegant concision when

he agreed 'with those who say we must hurry quickly away from Marxism-Leninism, through Socialism, to Reaganism': *New York Times* (24 June 1990), p. 1.

11. Susan Strange, *The Retreat of the State: The Diffusion of Power in the World Economy* (Cambridge, 1996), p. xii.

12. Ibid., p. xi.

13. Thus Strong argues that multinational enterprises have become de facto political entities, with effects on state policies outweighing the power of governments to regulate them (for example, with respect to taxation), a 'shift from state authority to market authority' that 'has been in large part the result of state policies'; ibid., p. 44).

14. At www.oecd.org/els/employment/outlook, last accessed on 12 November 2010.

15. 'Unemployment Surges around the World, Threatening Stability',

New York Times (15 February 2009), p. 1.

16. For example, Mark Zandi, chief economist of Moody's Economy.com, who predicted a 'permanently higher' unemployment rate, found no better explanation than that 'the collective psyche has changed as a result of what we've been through'. Don Peck, 'How a New Jobless Era Will Transform America', *The Atlantic* (March 2010).

17. Enrico Pugliese, 'The Europe of the Unemployed', *International Journal of Political Economy*, XXIII/3 (1993), p. 15. The year 1986 saw the publication of John Keane's and John Owens's book After Full Employment. Japan's relatively low unemployment figures during this period—though the 2.9 per cent measured at the end of 1985 was the highest since records began to be kept in 1953—reflect the peculiarities of the Japanese definition of employment, which counts as employed laid-off workers, people who worked more than one hour of the

last week of each month and soldiers, and counts as unemployed only those who have lost full-time work (see Joyce Kolko, *Restructuring the World Economy* (New York, 1988), p. 336). Kazumichi Goka, 'Unemployment and Irregular Unemployment Under Restructuring in Today's Japan', *International Journal of Political Economy*, XXIX/1 (1999), pp. 49–64, provides a survey of the effects on employment of the Japanese depression of the 1990s; among the rare treatments of the limits of the post-war Japanese 'economic miracle' as workers experienced them is Satoshi Kamata, *Japon: l'envers du miracle*, trans. Danielle Nguyen Duc Long (Paris, 1982).

18. Martin Kronauer, 'Unemployment in Western Europe', *International Journal of Political Economy*, XXIII/3 (1993), p. 3. 19

Pugliese, 'Europe', p. 14.

20. 'Unemployment Surges around the World, Threatening Stability', ibid.

21. For a remarkably dispassionate account of unemployed movements in the US by a participant, see Paul Mattick, *Arbeitslosigkeit und Arbeitslosenbewegung in den USA, 1929–1935* [1936] (Frank-furt, 1969), pp. 93ff. A particularly informative journalistic survey is Mauritz A. Hallgren, Seeds of Revolt: *A Study of American Life and the Temper of the American People During the Depression* (New York, 1933).

22. Mattick, *Arbeitslosigkeit*, p. 109.

23. Ibid., p. 114.

24. For a moving account, see 'Cacho', 'The Unemployed in the Popular Uprising of December, 2001. Report from Greater Buenos Aires', in *International Journal of Political Economy*, XXXI/1 (2001), pp. 11–23. See also Aníbal Kohan, ¡A las calles!

Una historia de los movimientos piqueteros y caceroleros de los '90 al 2002 (Buenos Aires, 2002) and 'Class Re-composition in Argentina', *Aufheben*, 11 (2003), pp. 1–23.

25. It was the practical Keynesian Hitler who first made May Day into an official holiday.

26. 'The Seattle General Strike', in *Root and Branch: The Rise of the Workers' Movements*, ed. Root and Branch (New York, 1975), p. 209.

27. The classic theoretical reflection on this experience remains Anton Pannekoek, Workers Councils [1946] (Oakland, CA, 2003).

28. For a short look at the impact of the Great Recession on European agriculture, see Jean-Christophe Bureau, 'Agriculture européenne: les grands changements sont à venir', in CEPII, *L'économie mondiale 2010* (Paris, 2009), pp. 108–16.

29. German president Horst Köhler was forced to resign when he committed the unprofessional error of speaking the truth on a visit to German troops in Afghanistan: 'A country of our size, with its focus on exports and thus reliance on foreign trade, must be aware that military deployments are necessary in an emergency to protect our interests, for example, when it comes to trade routes, for example, when it comes to preventing regional instabilities that could negatively influence our trade, jobs, and incomes': *International Herald Tribune* (1 June 2010), p. 3. On the other hand, Germany has also been forced to cut military spending in the effort to control its state deficit.

30. Tom Keefer, 'Fossil Fuels, Capitalism, and Class Struggle', *The Commoner*, 13 (2008–9), p. 15.

31. Ibid., pp. 19, 20.

32. Tom Keefer, 'Ownership, Depletion, and Control: National

Oil Companies, Peak Oil, and the US Empire', unpublished manuscript. (2009), http://bildungsuerein.kpoe-steiermarkat/ texts. phtml (last accessed 20 December 2010), p. 28, citing British Petroleum, *BP Statistical Review of World Energy* (June 2008).

33. José A. Tapia Granados, Edward L. Ionides and Oscar Carpintero, 'A Threatening Link Between World Economic Growth and Atmospheric CO_2 Concentrations', unpublished manuscript. (2009), http://sitemaker.umich.edu/tapia_granados/working_papers_documentos_de_trabajos&config=ioUvVQoc8r2DEUnkS988Ew (last accessed 20 December 2010), pp. 5–7.

34. Elizabeth Kolbert, *Field Notes from a Catastrophe: Man, Nature, and Climate Change* (New York, 2006).

35. For realistically grim speculations about the social and political consequences of climate change, see Gwynne Dyer, *Climate*

Wars: The Fight for Survival as the World Overheats (Oxford, 2010)

36. Charles Fritz, 'Disasters and Mental Health: Therapeutic Principles Drawn from Disaster Studies', (Historical and Comparative Disaster Series 10) University of Delaware Disaster Research Center (1996), pp. 55, 57, 63.

37. Ibid., pp. 23–4.

38. Rebecca Solnit, A Paradise Built in Hell, cited in Rebecca Solnit, A Paradise Built in Hell: *The Extraordinary Communities that Arise in Disaster* (New York, 2009), p. 162.

ACKNOWLEDGEMENT 致谢

我和一群朋友讨论经济学理论和经济的实物特征已经有数十年之久。在写这本书时，约翰·克雷格（John Clegg）、玛丽·林·克莱默（Mary Lynn Cramer）、查尔斯·里夫（Charles Reeve）、加里·罗斯（Gary Roth）、若泽·塔皮亚·格拉纳多斯（José A. Tapia Granados）、马里亚诺·托拉斯（Mariano Torras）以及杰夫·威尔逊（Jeff Wilson）给了我很多鼓励和信息，这些鼓励和信息是他们通过交谈或者社评给予的。凯蒂·西格尔（Katy Siegel）最先督促我为《布鲁克林铁道报（Brooklyn Rail）》撰写了4篇文章，而我的这本书正是从上述4篇文章发展而来；没有她的鼓励，我十有八九是永远也无法完成这件事的。（遵循好事多磨的原则，我请求她把这本书的手稿通读一遍；她提出了许多改进建议。）泰德·哈姆（Ted

资本主义的冬天
  经济危机和资本主义的失败

Hamm）是《布鲁克林铁道报》的编辑，他对本书也出力良多。诺伯特·哥白林（Norbert Gobelin）和雷米·特罗姆（Rémi Trom）对于上述文章的法文翻译版做出了回应：他们撰写了《多余的日子：在危机的源头（Le jour de l'addition: aux sources de la crise）》（巴黎：失眠，2009年）一文，帮助我确信，把自己的观点写得更长将帮助我找到读者，但其实是感应出版社的维维安·康斯坦丁普洛斯（Vivian Constantinopoulos）对本书产生了兴趣，才做到了这一点。她的社论同样也是无价之宝。曾经我因为一场家庭的紧急变故而耽误了手稿的生产，谢谢她能够等我。这本书聚焦的的事物，其细节每天都在变化，很难用更稳定的方式去试图理解，这也使得本书在时效性的维系方面，必然变得很困难。然而，就像我向她保证的那样，经济危机将很不幸地持续足够长的时间，让我的这个题目一直是人们的兴趣点。

让我把这本书献给乔治·瓦拉达斯（Jorge Valadas），当然也献给凯蒂，没有她，什么都没有。